善本金融
中国特色金融发展新范式丛书

县域综合金融生态建设

打通金融服务最后一公里

陆建强◎主编

中国经济出版社
CHINA ECONOMIC PUBLISHING HOUSE

图书在版编目（CIP）数据

县域综合金融生态建设：打通金融服务最后一公里 /
陆建强主编. --北京：中国经济出版社，2025. 4.
ISBN 978-7-5136-8093-6

Ⅰ. F832. 7

中国国家版本馆 CIP 数据核字第 2025CP8401 号

责任编辑　严　莉
责任印制　李　伟
封面设计　久品轩

出版发行　中国经济出版社
印 刷 者　北京科信印刷有限公司
经 销 者　各地新华书店
开　　本　710mm×1000mm　1/16
印　　张　15. 25
字　　数　186 千字
版　　次　2025 年 4 月第 1 版
印　　次　2025 年 4 月第 1 次
定　　价　65. 00 元
广告经营许可证　京西工商广字第 8179 号

中国经济出版社 **网址** http://epc. sinopec. com/epc/ **社址** 北京市东城区安定门外大街 58 号 **邮编** 100011
本版图书如存在印装质量问题，请与本社销售中心联系调换（联系电话：010-57512564）

善本金融

中国特色金融发展新范式丛书

编委会

丛书序言

想编这样一套丛书，一直是我的心愿。而这个心愿的产生，或许也是因为自己的经历。我从事市场行政监管工作 12 年之久，不仅感受到了我国市场化改革带来的巨变，也感受到了我国市场经济主体的不易。20 世纪末 21 世纪初那些年，每次召开企业家座谈会，大家对金融特别是银行意见颇多，其中印象最深的，一是很多中小微企业说“为银行打工”，意思是所获得的一点利润，都被贷款利息占了；二是金融特别是银行只有锦上添花，没有雪中送炭，甚至变成了“下雨天收伞”——企业一经困难，银行不是帮助而是抽离。但金融的“贵气”，也一直伴着我的记忆，那便是金融工作人士挣得多，富得早。

此后我有幸到省政府从事副秘书长工作，联系金融和国资口子，已经 5 年多，便开始比较深入地看着金融。那时的感觉，最明显的，一是金融事关系统性风险，一旦出问题危害性很大，特别是涉众事件，多少投资者财富瞬间蒸发，金融真的很重要。二是金融作为一个大系统，问题不少，其中有很多其实是逻辑不清，才导致乱象频发，金融改革任务很是艰巨。2018 年，我从政府出来调任财通证券党委书记、董事长，近 4 年管理一家投行。2022 年 1 月，又从券商调任到商业银行——浙商银行，至今又是 3 年。近 7 年，我走到了一线开始实操，也有了真切的机会把这些年来积累的一些想法付诸实践。也许正是因为一直在金融之外看金融，才有了更多从社会视角对金融的认知，有了对金融改革的迫切性感受；也许正是因为从政府走向金融机构，才有了更多从国家战略、政府视角对金融的审视，有了对中国特色金融发展之路创新的迫切性感受。

习近平总书记指出，当今世界正经历百年未有之大变局。对于中华民族，这是伟大复兴；对于整个世界，这是格局重塑。大变局之下，各行各业都在全面而深刻地变化着。对于金融，我想我们面临的最大的变局有二：

一是金融定位站位的变局。到底如何看待金融？金融在经济社会发展中应该定位于怎样的角色？这不仅是当下我国金融最本体的问题，也是中国特色金融发展之路的关键所在。纵观世界金融发展史，金融源自经济发展之需，最初的融资就是将资本从未来和他人手中转移到当下的项目上，获得倍增放大功效。金融功能性是第一性，后来其从实体经济的服务中独立出来变成一种持牌的市场主体存在，才有了金融本身的产业属性即盈利性。进一步，这种盈利性被资本的逐利性不断放大，进而从服务实体经济演变成与实体经济争利，并不断向控制实体经济发展乃至成为控制社会的利器。华尔街金融大鳄是金融寡头的代表。从这个意义上讲，一部金融发展史就是一部金融功能的异化史，从服务实体经济功能走向了依托金融获取红利。显然，这不符合社会主义的价值理想。我们强调金融的政治性、人民性，就是强调社会主义金融的功能定位。虽然我国金融没有走到西方资本主义那么远，但毋庸讳言，改革开放以后发展起来的金融业遵循的基本是西方金融的发展逻辑和理论体系。从中微观形态来看，西方金融的一些病灶在我国金融业里表现得可以说是淋漓尽致，有的方面有过之而无不及。比如只有锦上添花没有雪中送炭，又如为了挣快钱而成为资本无序扩张的帮凶，等等。显然，中国式现代化需要对中国的金融发展进行全新定位，回归初心，把功能性放在更重要的位置，对金融机构来一场站位提升，全面重塑价值体系，是当下我国金融机构面临的最大变局。

二是数字化变局。这是技术革新带来的行业变化，也是来自生产力发展的历史性机遇。金融作为经营风险的行业，计算是其中的核心力量，也注定在数字文明时代迎来全新的发展形态。数字化带来的金融变局将无比深刻而全面。原来金融特别是银行所依赖的不动产抵押和第三方担保，即被诟病的“当铺模式”，在数字化背景下将会转变成依赖数据、依靠算力的“场景模式”；原来好企业抢着服务、困难企业无人服务的状态也是被诟病的“打猎式经营”，会因为数字化时代的精准性真正走向陪伴型“种田式经营”；原来各家金融机构依托不同牌照的专项服务在数字化大背景下也必然走向以客户为中心的综合服务。凡此种种，数字化下的金融正在朝着链式生态金融迈进。这是一次伟大而深刻的变局。这场变局，对于我国金融业摆脱西方发展路径依赖、走中国特色金融发展之路、真正打造金融强国，是历史性大机遇。在我看来，随着数字文明时代的到来，我国金融必将从追随走向引领，也是在数字化大时代，我国才能真正变成金融强国。

一个时代有一个时代的使命，一代人有一代人的责任。面对金融发展的两大变局，这些年我们开启了金融创新发展的实践探索。我们的创新紧紧围绕两大变局展开。在金融定位上，我们从国家、社会的需要出发，走出以经济论金融、以金融论金融的狭隘，更多地从社会价值视角重塑金融逻辑。我们把金融的功能性放在第一性的位置去推动金融转变，开展了一系列创新实践，并将这些实践提升为“善本金融”，就是想释放一个理念：金融不只是向善，更是要以善为本，从善（社会价值）出发。这至少有六个方面的创新探索，到现在都有了比较好的实践效果。

一是首创并成功推动了金融顾问制度的落地。借鉴20世纪80年代企业法律顾问的做法（在我看来，法律顾问制度对于我国市场经济法治化水平的提升意义重大，让当年从乡镇出来的第一批企业家可以心无旁骛地抓营销，而把签约和打官司交给了专业的律师），让金融专业人士走出金融机构，被赋予一个社会角色，走进企业、走进政府、走进社会，成为企业的金融全科家庭医生、政府的金融子弟兵、社会的反诈宣传员。让金融从以牌照为中心的专项服务转变为以客户为中心的综合服务，也让金融从业人员从牌照服务的营销人转变为提供金融专业服务的社会人。这一创新至今已有6年的实践，在浙江省内就有4500名金融人士拿到了金融顾问的资格，有116家政府的金融工作室，还有每年上千场的投资者教育和反诈宣传活动。全国有16个省市也发文在推广。

二是依托金融顾问制度，开展了县域综合金融生态建设工程。我们对一个县的金融需求进行全面梳理，与党委、政府共同组建金融综合生态建设领导小组，首次在临平下沉近80名金融顾问，金融顾问拿方案，党委、政府抓推进，围绕着政府平台的优化和健康运行、企业包括融资成本在内的运营成本的迭代下降、社会金融风险意识的全面提升三大任务，创新了一系列措施和工具，在一个县域里全面推进金融供给侧结构性改革，提升了整个金融生态。这一创新至今已推出3年，基本创出了政府、企业、社会三大主体的三大工具和八方面举措、六方面成效，形成了县域综合金融生态建设的临平3386模式。目前杭州市在全面推广，全国各地也有22个省、42个地市、74个区县在推进。

三是把社会价值评价注入金融风险的管控中，创新了风险“善标”。过去对金融风险的管控，重在经济，重在资产质量。对于金融风险的把握，我们形成了两个共识：第一，金融就是一个放大器，如果服务了“善”的企业，也就是对社会发展正向正行的企业，就是放大了社会效果；如果服务了“恶”的企业，也就是对社会发展造成社会危害的企业，就是放大了社会危害。第二，金融风险看似出在资产质量上，但从长远来看，最大的风险不在资产而在人品。一个口碑好的人，值得帮助，最后也容易成就；相反，一个口碑不好的人，必须限制，看似挣到快钱但最终不可持续，最容易形成风险。基于这两方面认知，我们在行业评估时首推了社会价值评价维度的风险把控模式，出台了“浙银善标”。善标主要从客户家庭评价、行业评价、所在地评价三个维度来确定口碑“善分”，对于“善分”高的用户加大服务力度，给予让利优惠政策；对于“善分”低的用户加大管控力度，限制甚至取消服务。目前这个标准已经运行一年多了，还在不断地深化。很多口碑不好的用户，已经慢慢退出了我们的服务客户之列。这一创新，可以说是我们总结了这些年来资本无序扩张背后的金融迷失、痛定思痛之后对金融的领悟。我甚至提出，一个金融机构的风险如果出在“善分”高、口碑好的用户身上，对于整个社会，也是一种贡献。

四是创新金融工具，推动企业行善，创造性地开展了“善本信托”推进工程。浙江是共同富裕的示范区，金融如何助力共同富裕建设一直是我关注并着力研究的课题。在调研的基础上，我提出了“共同富裕不能过多聚焦缩小差距，还应该聚焦防范社会撕裂上”“贫富两端矛盾的主要方面在富裕主体，关键是如何将财富主动用于社会建设上来实现财富升维”“我国的慈善要结合我国的文化，更多关注企业家内心的主动性研究”等观念，并着手依托慈善信托工具的改革创新，开启了让企业家自主可感知的慈善模式创新。我们提出了让企业家在三种场景自主设立和推进慈善项目，并改进自身发展的生态：①企业自己生态里的慈善，如给员工家庭做大病保险，化解劳资矛盾；②企业所在地的慈善，如为当地解决一些实际困难，改进政企以及社企关系；③企业家老家的慈善，如为家乡解决实际困难，改进企业家与家乡的关系进而提升价值感。三种场景三大改进，既是对我国企业“一捐了之”式慈善的改进，也是对我国民营企业家存在方式的改进，助力财富升维成人生价值。这项实践于2023年5月提出，当年11月就有首批33家“善本信托”落地。我常想，只有中国的企业家都一手抓经营，一手做身边的慈善，参与社会治理，才会高于西方式慈善，才会有社会主义企业家的格局和情怀，才会真正走出中国式现代化的道路。

五是推出问责向善、员工向善，推出“幸福生活的践行者倡导者”文化品牌，以人文建设来构架行业生态。这项工作主要是向内的改革。这些年金融机构伴随着市场经济发展起来，市场激励成为最大动力，在带来效益的同时也带来了功利主义盛行和企业文化的薄弱。我们提出员工为本、价值为要，就是想以员工幸福为本，以员工提升价值为要。一方面强调金融机构的员工要率先向善从善开展慈善，我们每个分行都与一所学校结对，“一行一校”，开展帮扶也推进员工支教，每个分行都设立拥军工作室，开展拥军服务；强调问责向善，敬畏合规，严惩初心不善者，也宽容过失行为者。另一方面在全行开展“幸福生活倡导者践行者”文化品牌建设，明确反对无效加班，明确提出工作生活两不误，明确提出银行员工当好时代模范、践行幸福生活的倡导。这项以善为核心的员工管理改革至今已近3年，不纠结、不内卷、不另类，活出幸福、活出精彩，虽然一直在路上，但企业凝聚力、社会影响力都在快速增进。

六是积极推动并践行从社会价值维度全面重塑金融机构的价值评价体

系。这项工作与其说是实践创新，不如说是对金融定位思考后对我国金融改革的一项建议。坚持金融的政治性、人民性，把金融的功能性放在第一性和更重要的位置上，到底如何才能真正落实下去，落实到机构里、落实到员工的行为中？不改变对金融机构的价值评价方式，不从考核评价中去重塑定位，是难以走出原有路径依赖的。基于此，我们提出了三分法来重塑金融机构的价值评价体系：作为牌照机构依托的是国家资源，应该建立一套金融机构服务功能评价体系；作为投资主体依托的是股东投入，应该建立一套可持续性规模效益评价体系；作为风险管理机构，必须专业监管，应该建立一套风险评价体系。这三方面构架起一家金融机构的三大评价维度，从目前我国的实际来看，功能性评价体系停留于普惠绿色等号召性而被虚化，导致金融机构盈利性过强的问题突出。所以我们提出在当前背景下，只有金融委员会主抓功能性价值评价体系，给予足够的权重，压缩盈利性权重，持之以恒地坚持几年，功能性第一位的金融机构才会成形，中国特色金融发展之路才能全面开启。

上述六大方面的创新实践，我们总结成为“善本金融”的创新实践。实践时间虽不久，但我们深切地感受到了改变的发生，一条不同于西方金融的创新之路正在全面开启。

对于数字化变局，我们也积极创新，提出了加快建设“链式生态金融”的使命。所谓“链式生态金融”，就是数字化时代正值高质量发展阶段，加上新发展格局，必然要求盘活存量内涵式发展代替外延式扩张，金融也必然从“当铺思维”走向算力思维，从抵押担保走向场景金融。金融服务从原来以服务一个客户、一家企业为主转向服务一个产业、一个生态。数字化正在深刻改变着资产的形态、财富的形态，改变着经济的逻辑、金融的逻辑。生态金融、场景金融、共富金融、保障金融，连同金融

“五篇大文章”，正在从技术创新、运营提质走向模式创新、形态创新。这些创新既关涉金融的未来，也是中国特色金融发展的机遇。

2023 年中央金融工作会议召开，此后习近平总书记在省部级主要领导干部推动金融高质量发展专题研讨班开班式上发表重要讲话。中国特色金融发展之路连同金融强国建设在国家层面被正式提出，政治性、人民性和“八个坚持”“五要五不”一系列金融思想全面呈现，一次来自中国的金融理论全面创新呼之欲出。没有理论指导的实践是盲目的，没有实践基础的理论创新是虚幻的。我们这些实践，源自对金融在大国兴起中的功能和作用，源自基层对金融服务的呼唤和要求，其中很多思考和探索还没有上升到理论层面，系统性还不够；很多实践还只是初步成绩，谈不上经验，更谈不上理论体系。但我们深信这些创新具有重要价值。我们用了“新范式”来总结这些探索做法，就是感觉我们的实践还只是留在“创新范式”这个层面上。同时我们更清楚，对新范式的探索是开放的，我们做了些事，但也只是处于初步阶段。我们把我们的做法编成一套丛书，是抛砖，就想引玉；有探索，就想有提升。希望有更多的金融有识之士参与这套丛书的编撰中，把各方面的实践创新点滴汇聚起来，共同努力，开创中国特色金融发展之路，争取在中国式现代化建设中不辜负于这个伟大的时代。

是为序。

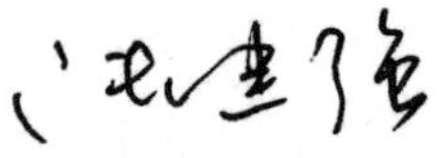

2025 年 3 月

序

从市场化、数字化和产业化三大方向推进临平模式将大有可为

“触达和风控”是县域金融服务中的两个困难

很多省的经济中，最强大的往往是县级的经济。但传统金融机构在服务县域经济时通常面临两个困难：一是触达问题，二是风控问题。金融交易最大的挑战是信息不对称和风险管理。一方面，县域经济规模较小，数量较大，地理位置较分散，所以找到和了解它们的金融需求不太容易；另一方面，很多中小企业和个体等潜在需要金融服务的主体，往往不太具备传统银行需要的风险评估的资质。因此县域经济金融服务较难充分，这也是普惠金融不足的矛盾。在县域经济中提升金融服务质量，确实不太容易。中央金融工作会议提出要建设金融强国及一系列任务，如优化金融服务、防范化解风险、做好“五篇大文章”等。县域金融发展是一个新的课题，也是经济发展进入新阶段的一个必答题。

关系型贷款和数字化信贷的创新探索

历史上其实也尝试过很多办法，早期有农村信用社，后来有城市信用社，但是事实上在20世纪90年代末，一大批大型国有商业银行开始出现一些财务和资产质量问题，1997年、1998年国有商业银行改革，对金融机构的布局做了很多调整。四大国有商业银行在很多地区关掉了一部分县城分支行，这从商业化运营和成本及收益的角度来看是合理的，因为在这些地方开设分支机构，成本比较高，业务量不够大，似乎得不偿失。但是这些客户在县域经济范围同样很重要，不但对我们的经济发展很重要，对我们的社会稳定也很重要。农村信用社后来改为农商银行继续发展，2006年以后，还出现了很多小额信贷公司，同期也建了很多村镇银行。因为触达难、风控难，所以我们把中小金融机构推到第一线，更加接近潜在客户，可以部分缓解信息不对称的问题。现在回过头看，效果不尽如人意，虽然作出一些贡献，但确实存在一些问题，包括这两年的村镇银行。

在服务县域经济、服务小微企业、服务地方经济等方面，金融系统有一些创新。第一是关系型贷款。浙江很多中小银行的服务对象没有很多财务数据，通过信贷源全方位跟踪了解这些企业家，即便客户没有传统信用风险管理的资质，也可以对其发放贷款。这种做法世界各地都有，但在浙江做得较好。第二是数字化信贷。一部分大科技公司利用人工智能做信用风险评估，在一定程度上缓解了普惠金融的难题。很多银行都在做数字化信贷，浙商银行也有很多这样的实践。浙江有一个金融信息综合服务平台，汇聚一些静态的、公共的数据，如果中小银行可以利用这些数据服务信用风险评估，就能发挥非常好的作用。浙江包括临平在这方面也有很多创新型业务可以探索。

“从社会看金融”有助于解决信息不对称问题

关于临平经验，包括三大主体、八大措施及临平指数。做县域金融服务要跳出过去“从金融看金融”，要“从社会看金融”。当然对于“从社会看金融”意味着什么，可能每个人的理解不一样，对我来说，不管是从哪一个角度，就是前面讲的信息不对称问题。解决信息不对称问题既可以缓解触达的问题，也可以缓解风控的问题，核心是可以让过去没有得到充分金融服务的客户，现在可以获得更多、更好的金融服务。这可能是临平经验最突出的地方——一些中小企业可以获得更多、更好的融资服务，很多老百姓可以获得财务管理的服务。国家既有融资难的问题，也有投资难的问题，从这个角度理解“从社会看金融”，其实就是把有可能利用的手段、工具、措施都集中起来，这一点对于解决金融中信息不对称问题有很大的创新意义。“从社会看金融”时，我们的眼界、我们的撮合、我们的视角，一下子就广阔起来，在社会体系中可以帮助我们更好地看金融交易中的信用问题，很多数字技术工具也可以帮助我们解决问题。

临平模式的进一步发展有三个方向值得考虑

一是市场化的金融服务。我们提供金融服务当然要保证商业可持续性，但我们在讨论政策时，往往形成一个概念——给中小微企业、个人提供金融服务，提供越多的信贷越好，同时把成本压得越低越好。我不太赞同这种观点，商业可持续意味着成本和风险是相匹配的，我们现在面对的客户潜在的风险比较大，他们应该有权利获得商界可持续的金融服务、信贷服务，也意味着他们要接受相对高一点的成本，因此市场化定价非常重要。

二是数字化的方向。利用现在发生的技术革命，如大数据、人工智能、互联网等新的工具，帮助我们解决过去金融解决得不太好的问题，核心问题就是解决信息不对称的问题。

三是商业化。很多中小微企业，过去跟他们打交道比较困难，无非信息不对称的问题难以解决，如果其成为供应链的一部分，就有很多信息可以帮助判断信用风险。总之，临平经验非常好，研究做得也非常好，实践当然更有价值。临平模式由“从金融看金融”转向“从社会看金融”，解决了传统金融服务中的信息不对称与风控问题，从市场化、数字化和产业化三大方向继续深入推进临平模式将大有可为，本书对以临平区为代表的县域综合金融生态建设探索非常有意义。

北京大学国家发展研究院院长
中国人民银行货币政策委员会委员 黄益平
2025 年 3 月

目 录

绪 论

“郡县治，天下安。”县域是我国经济社会发展最重要最基本的单元，也应该是金融服务价值体现最重要最基本的基地。聚焦满足县域金融需求，可以说是打通金融服务最后一公里的关键节点，也必然是金融供给侧结构性改革的重头戏。

从客观实践来看，由于我国金融机构总部离县域很远，县域连支行都比较少，很多大行只有一些客户经理在服务，县域成为金融业务的末梢，缺少授信政策的影响力；由于一直把盈利性放在第一位，企业好时抢着服务、过度服务，企业难了、出问题了便加快抽离，“打猎式”经营表现得最为突出；县域金融监管力量薄弱、反诈任务艰巨、风险管控能力不足、金融服务均衡性和保障性不足以及整体社会金融意识有待提升等问题凸显，金融政策不接地气，金融服务的最后一公里没有做到位。凡此种种，我国金融存在的问题在县域反映得最直接也最全面。

正是基于以上考量，浙商总会金融服务委员会（以下简称“金服会”）在全国率先探索建立金融顾问制度的基础上，于 2022 年初在浙江省杭州市临平区开始了县域综合金融生态建设的探索。金服会与临平区建立双组长制，专业做方案，党委和政府来推动。我们下沉组建了79人的专业金融顾问队伍，重点对县域内的金融需求进行综合分析，整合县域内政府、社会等各类资源，提出针对性解决方案。一年一总结，两年初出成效，打造了县域综合金融服务的一整套金融工具、基本措施和体系，形成了县域综合金融生态建设模式和评价指数。后来，这一模式得到广泛复制推广，已在全国22个省、42个地市、74个区县复制推广，并实现了浙江省内11个地市全覆盖。经过近三年的实践，围绕政府、企业、社会三个主体形成的三大工具都有了标准化的模式和产品，取得了县域金融生态显著优化、整体营商环境明显改善、金融服务高质量发展体系化运行、金融赋能综合运营效率提高、企业融资成本迭代下降、社会金融意识整体提升等工作成效。尤为重要的是，这项工作不是从金融机构自身出发，而是从各类社会主体的金融需求出发；不是从单一金融服务出发，而是从金融与政府、企业、社会形成良性互动的生态出发；不是从盈利性出发，而是从功能性出发，从而推动金融服务从“打猎”走向“种田”，打通金融服务的最后一公里，使金融更接地气、更具有普惠性。可以说，这项工作真正体现了金融的政治性、人民性，体现了金融的社会价值和功能性第一位，是对金融供给侧结构性改革的一次非常大的探索，契合中央金融工作会议精神和“八个坚持”要求，将有力推进中国特色金融发展之路的县域实践走向深入。

该项工作的推进也获得了社会各界的广泛关注，北京大学国家发展研究院院长、中国人民银行货币政策委员会委员黄益平，国务院发展研究中心金融研究所副所长陈道富等业内权威专家都给予了高度评价，认为综合金融生态建设是由“从金融看金融”转向“从社会看金融”，为金融强国建设和做好金融“五篇大文章”提供了经验，尤其是在经济社会大循环中解决了金融可持续问题，缩小了县域内金融供求之间的鸿沟，值得推广。

县域综合金融生态建设是在金融顾问制度推广基础上的又一创新实践，我们一如既往地将金融的功能性放在第一位，以提升金融的社会价值为基本使命，其也因此成为我们提出的“善本金融”理论范式创新的重要支柱。所谓善本，最基本的一条就是从社会价值出发重塑金融的逻辑。县域综合金融生态建设实践是开放的，可以不断迭代；县域综合金融生态建设实践更是普惠的，可以全面推广。实践成效还很初步，但我们深切地感知到其中的价值，所以边实践边总结，这也是我们编撰此书的用意所在。本书共九章，前三章介绍立意缘起，中间三章讲实践探索，后三章为总结推广，由我提出撰写思路和框架，并进行统稿和审定。写作灵感来自我多年从事市场行政监管、金融机构管理的真切感受，写作素材源于近几年我们在县域综合金融生态建设中的实践经验，个别文章前期已在《中国银行业》等杂志发表。在此感谢浙商银行周伟新、宋永明、舒良超、沈金方、王妍、戴逸明、刘春华、田金寰参与本书的讨论和撰写，各位同事以自身的专业知识、实践经验、独特视角、独到见解为本书增添了价值。同时，更要感谢积极参与县域综合金融生态建设的全体金融顾问，是他们在一线的深耕，构建了县域综合金融生态建设的服务体系，为打通金融服务的最后一公里贡献了实实在在的力量。

县域综合金融生态建设的探索，为实现以人民为中心的中国特色金融发展提供了一条可以不断深化拓展的重要路径，目前的总结只是基于前期实践的整理，为后续的复制推广打下一些基础。县域综合金融生态建设模式是一套开放的体系，我们希望有更多金融力量能够加入我们的行列，积极响应基层对金融服务的呼唤，不断汇聚金融服务基层的创新点滴，持续丰满县域综合金融生态建设的服务体系。我们相信，这项创新，从杭州出发，以其对金融改革大方向的高度契合和强大的生命力，必将走向全省乃至全国，成为金融供给侧结构性改革的一项重要制度创新，为金融强市、金融强省、金融强国贡献更大力量。

第一章

县域综合金融生态建设的立意

金融是国民经济的血脉，是国家核心竞争力的重要组成部分。当前，我国金融正面临两大变局。一是金融全面回归服务实体经济本源的定位和站位变局。2023 年，中央金融工作会议对我国金融工作从初心到使命进行了全面提升，金融强国、金融高质量发展、中国特色金融发展之路等都对金融发展提出了崭新的时代命题。二是数字化变局。以数字技术为核心的新一轮科技革命深刻改变了人们的生产生活方式，也催动了金融变局。这两大变局，一方面要求从更高的社会价值视角来审视金融，另一方面要求从全新的技术和逻辑视角来重构金融。在此背景下，县域综合金融生态建设探索应运而生。

所谓县域综合金融生态，是指在区县范围内各类金融主体与其赖以生存发展的外部环境之间相互影响、相互作用而形成的动态平衡系统。建设县域综合金融生态的目标是聚焦县域，从金融的社会价值视角出发，基于金融的功能性第一位，以金融的专业化分工向综合化服务转换为切口，依托数字技术，降低各方信息不对称程度，更好地衔接有为政府和有效市场，从根本上改善县域内金融机构与地方政府、企业、社会的依存关系，实现金融治理与社会治理的相辅相成，推动我国经济社会高质量发展。

县域是我国经济社会发展最重要的基本单元

县域是经济发展的重要基础、城乡融合的桥梁纽带、社会治理和国家治理的基本单元。自秦汉以来，我国就有“郡县治，天下安”的古训，可见县域对于国家稳定和经济社会发展具有关键意义，基层治理和服务的能力越强，社会发展的基础就越牢固。党的二十大报告指出，要坚持以推动高质量发展为主题，着力推进城乡融合和区域协调发展，推动经济实现质的有效提升和量的合理增长。县域经济社会的发展可以带动城乡人口、资源、环境等要素优化配置，有利于城乡融合和区域协调发展，这对于实现高质量发展既是内在要求，也是重要手段。因此，促进县域发展已经成为盘活全局的关键性因素。

1. 县域是国民经济社会运行的重要基础

县域是国民经济社会运行的重要基础，其发展水平直接关系到国家经济的稳定和增长。党的十八大以来，习近平总书记高度重视县域发展和县域治理，对县域经济社会发展作出了一系列重大部署。习近平总书记强调，县一级处在承上启下的关键环节，是发展经济、保障民生、维护稳定、促进国家长治久安的重要基础。县域通常拥有丰富的自然资源和人力资源，是农业生产、农产品加工和制造业的重要基地。随着经济全球化和区域经济一体化的推进，县域经济在承接产业转移、促进产业升级、增加就业机会等方面发挥着越来越重要的作用。县域经济的多元化发展有助于形成特色产业集群，提高区域经济的竞争力。县域经济的健康发展能够有效促进农民收入增长，缩小城乡差距，推动实现共同富裕。根据《2023 年民政事业发展统计公报》公布的数据，截至 2023 年末，中国共计有县级行政区划单位 2844 个，它们向上构成了 333 个地级行政单位，向下分解为 38658 个乡级行政单位。其中，县级市、县和自治县合计 1813 个，面积接近全国国土的 90%，占全国人口的 50% 以上。作为衔接城乡经济社会的核心枢纽，县域经济社会运行是国民经济社会活动在县域空间的“全息投影”，一切宏观经济社会指标的运行状况几乎可以在县域经济社会中得以透视与解构，一切微观经济社会的运行状况也都能在县域经济社会中得到放大和折射。因此，加强县域经济建设，准确把握县域治理的特点和规律，把强县和富民统一起来，把改革和发展结合起来，把城镇和乡村贯通起来，提升县域经济的内生增长动力，对于实现国家经济的均衡发展和长远增长具有重要意义。

2. 县域是社会治理的基本单元

县域是社会治理的基本单元，其社会稳定对于国家的长治久安至关重要。在县域层面，政府能够更直接地接触到民众，更有效地响应和解决民众的需求与问题。县域政府在提供公共服务、维护公共安全、调节社会矛盾、促进社会公平正义等方面承担着重要职责。通过加强县域的社会治理，可以及时预防和化解社会矛盾，减少社会冲突，维护社会秩序。同时，县域社会能够通过法治建设、公民道德建设、社区参与等多方面的努力，构筑起政府、市场、社会和公民个体共同参与的基层社会治理格局。只有在县域层面实现了社会稳定，才能为国家的稳定和发展打下坚实的基础。

作为国家治理体系的缩影，县域治理体系的完善程度折射出国家治理能力的现代化水平。县域治理体系包括党委领导、政府负责、社会协同、公众参与、法治保障等多个方面，其有效运行对于提升国家治理效能具有示范和推动作用。在县域层面，政府需要不断创新治理模式，提高治理效率，更好地服务于民众。加强县域治理能够激发基层党组织的战斗堡垒作用，加强基层政权建设，提高基层干部的治理能力和服务水平。同时，县域治理还能鼓励社会组织和公民个体发挥主体作用，通过民主协商、社会参与等方式，形成共建共治共享的社会治理格局。只有在县域层面实现治理体系和治理能力的现代化，才能为国家治理体系的整体现代化提供有力支撑。

3. 县域是城乡融合发展的桥梁纽带

县域是城乡融合发展的桥梁和纽带，是推动城乡一体化的关键。随着城市化进程的加快，县域在连接城市与农村、促进资源要素合理流动和优化配置方面的作用日益凸显。县域能够承接城市的产业转移，为农村劳动力提供就业机会，也能够将农村的产品和服务有效地输送到城市市场。通过加强县域基础设施建设，改善农村居住环境，提高农村公共服务水平，可以有效促进城乡之间的经济、社会和文化交流，推动城乡融合发展。此外，县域还是实现农业现代化和乡村振兴战略的重要平台，通过发展现代农业、乡村旅游、农村电商等新兴产业，可以激发农村发展活力，促进农民增收，推动形成工农互促、城乡互补、全面融合、共同繁荣的新型城乡关系。党的二十届三中全会明确提出，“促进城乡要素平等交换、双向流动，缩小城乡差别，促进城乡共同繁荣发展”。只有将县域经济社会这个重要的基础单元发展起来，国民经济社会“蛋糕”才会越做越大，中国式现代化建设的进程和共同富裕的道路才会畅通无阻。正因如此，聚焦县域地区，理性认识其发展现状、存在问题以及演进趋势，对新时期推动县域高质量发展、促进城乡一体化建设、实现全体人民共同富裕，具有深刻的现实意义。

县域是问题导向下金融改革的最好切口

我国金融存在的问题在县域反映得最直接也最全面，以问题为导向的改革最好的切口在县域。金融具有功能性和盈利性双重特征。过去一段时间，由于过度强调盈利性、弱化功能性，金融服务出现了一系列问题，金融的均衡性、保障性不足。例如，在企业层面，对好的企业过度服务，对困难企业和小微企业服务不足，对风险企业服务专业性不够；在社会层面，社会金融生态和社会群体金融意识薄弱，风险防范意识和抗风险能力不足，金融诈骗、金融失信时有发生；在政府层面，一些地方政府对金融不够了解，过度化、简单化采用金融化发展路径，导致部分地方平台过度杠杆，地方债务风险积聚。这些金融问题在县域都有集中体现。但是，受盈利性驱动、金融“打猎文化”等因素影响，解决金融问题时很少关注到县域，也很少聚焦县域生态，使得金融不接地气，金融的最后一公里没有做到位。为打通最后一公里，需要在县域内综合利用政府、社会、金融机构的各种资源来更好服务企业、居民和政府，实现金融服务升维，避免重蹈过去金融先自己挣钱再赋能实体经济的覆辙，从而为我国金融改革在基层找到新的突破口。

1. 县域金融风险管控能力亟须加强

在政府层面，一些地方政府对金融不够了解，对当地金融风险“有什么、有多大”不清晰，对风险防控“抓什么、怎么抓”不专业，导致在地方金融风险管理中出现了各种问题。在过去的经济高速增长过程中，县域治理出现了过度金融化的发展态势，发展和治理常常被简单纳入“投资经营”活动，在各方利益相关者的推波助澜下，政府的未来财税收入可以证券化，土地、房产、城市公共设施可以用来融资，负债发展成为各个地方政府开展 GDP“锦标赛”的重要动力。种种行为都导致地方发展和政府治理过度金融化，既扩大了政策风险，也容易形成不健康的政商关系。

受到国家整体分税制改革以及中央转移支付“项目化”治理方式的影响，县域政府介入地方经济发展的激励结构从经营乡镇企业、经营土地转向经营城市化。县域政府通过组建“城建”“城投”等平台公司，以县级财政和土地抵押做担保，动员资本盘活生产要素与资源，再投入本级公共财政、补贴和上级转移支付，最终“打包”成城市化建设的各种“项目”。这种“项目—融资—发展”的模式在加快城镇化进程的同时推高了地方政府债务，特别是由平台公司融资形成的债务，对地方财政造成了巨大压力，也积聚了较大的金融风险。截至 2023 年末，地方政府债务余额为 40.74 万亿元，加上地方政府平台类融资、PPP 项目等较大的隐性债务余额，积聚了一定的债务风险。

近年来，随着国家金融政策紧缩，因城投平台不能再背靠政府信用融资，区县各平台公司可抵押资产不足，且营业收入基本无法覆盖债务余额的本息，再融资能力持续走弱，进入债务违约高风险期。虽然金融在服务地方经济社会发展中发挥着巨大作用，但县域经济的债务驱动模式给财力、年均税收增长有限的县域政府和县域社会带来极大的风险，高杠杆发展和高风险融资往往导致政府对区域内经济调控能力的减弱和发展自主性的逐步丧失，也伴随着贫富分化的加剧和社会不稳定因素的累积。

因此，要增强县域金融风险管控能力，就必须以金融生态建设赋能政府金融管理，打通从专业到职业的通道，促进区县政府平台健康运营和营商环境提升。也就是说，针对区县金融工作任务重但力量不足、专业不强、事权上收的长期困扰，构建有效的专业队伍工作机制，帮助区县政府清晰认识金融风险“抓什么、怎么抓”，金融工具“怎么看、怎么管”，进而为当地营商环境的改善、产业结构的规划布局等提供助力。

2. 县域金融服务均衡性和保障性不足

在企业层面，县域地区小微企业融资难、融资贵、融资慢的问题仍然比较突出。需要认识到，各类平台公司的金融化倾向并不是金融资源的“极大丰富”，更不是金融生态的“欣欣向荣”，而恰恰是金融资源的错配和市场机制的扭曲，“投资一切”“一哄而上”的过度金融化背后正是“脱实向虚”之下的中小企业融资困境。在县域，一方面，小微企业的金融可得性有待进一步提升，金融服务的覆盖面还不到位。县域金融服务仍以线下开展为主，对于很大一部分长尾客户，传统金融还无法有效触达。同时，县域金融服务的均衡性不足，一些企业利用杠杆的意识过强，存在过度融资的情况，债务率长期偏高，而一些真正需要融资的小微企业则找不到合适的融资渠道。另一方面，小微企业的抗风险能力较低，金融机构和小微企业之间存在信息不对称，融资成本居高不下，小微企业与金融机构议价时一般处于较为弱势的地位，导致小微企业融资利率较高。上述中小企业融资问题是全国性难题，在县域中尤其突出。

针对县域金融服务企业均衡性、保障性不足的问题，必须提高金融对各类企业的普惠程度，打通从金融产品到金融服务的通道，促进县域经济社会的活力以及新质生产力的发展。金融生态建设可以按照“政府搭台、机构唱戏、企业受益”的理念，围绕“大的做强、中的提质、小的成长”的措施提供综合金融增值服务，以数字化手段降低信息不对称程度，推动企业融资成本持续走低。同时，在服务企业过程中，金融要发挥价值发现的功能，不断优化生态内资源配置格局，持续促进区域新质生产力的萌发。

3. 县域金融意识有待提升

在社会居民层面，县域整体的金融意识没有随着城镇化的推进同步提升，金融机构在县域普及金融知识的力度不够，社会主体的金融防范意识也较薄弱，企业主遭遇金融诈骗、居民拆迁款被骗等各类受骗事件还时有发生。客观而言，与城市相比，县域金融生态中各类主体的金融意识相对不足，金融领域的人才明显匮乏。人才嵌入是提升基层社会治理水平的必要条件，金融行业作为服务行业更是高度依赖人才驱动。但随着城市化持续推进，金融领域的人力资源大多向中心城市聚集，县域持续经历结构性人口流失，难以形成金融本土治理的有生力量。除部分发达地区外，留在县域的金融从业人员普遍学历层次不高、专业素养匮乏、业务培训欠缺，难以形成一股嵌入基层治理的金融专业力量来满足县域金融需求，更遑论参与县域治理。受制于金融意识不足，县域地区正是各类金融案件的高发区域，县域群众也更容易成为各类违法犯罪分子的目标，如何更好更快提升金融意识成了县域治理亟须改进的薄弱环节。

为了促进县域整体金融意识的提升，就要打通从金融信息普及到金融素养提升的通道，将金融知识融入社会大众日常生活，促进社会金融意识的整体提升，夯实金融在社会治理中的群众基础。县域金融生态建设也必须立足金融知识信息普及，通过多元化渠道方式，向公众普及涵盖财富管理、电信反诈、信用管理等的基本金融知识，培养居民的金融思维和风险意识，提高整个社会的金融意识，并在此基础上促进金融诚信和金融责任的社会文化建设，促进金融生态环境的良性发展。

县域综合金融生态建设是金融价值提升的重要路径

金融不仅是经济发展的手段，更是社会文明的标志，金融生态反映出一个地方的金融深化程度和文明进步水平。正因如此，县域金融生态建设是实现金融工作政治性、人民性，推动金融供给侧结构性改革以及从传统金融理论向“就社会论金融”转变的关键举措。

1. 践行金融工作政治性、人民性的深化

中央要求坚持以人民为中心的价值取向，坚持把金融服务实体经济作为根本宗旨。县域是中小微企业和基层群众聚集的特定区域，是实体经济最敏感的神经末梢，推动县域综合金融生态建设彰显了金融功能第一性的定位，为实现以人民为中心的中国特色金融价值取向提供了可以不断深化拓展的重要路径。一直以来，以人民为中心的价值取向是马克思主义唯物

史观的必然要求，回答了我国金融发展的价值观问题，从根本上明确了“为了谁、依靠谁”的问题。群众观是马克思主义唯物史观的重要观点之一，揭示了广大人民群众在推动社会变革和创造社会财富中的重要作用。劳动是价值创造的源泉，脱离了人民群众的智慧、劳动和与之相伴而生的物质资料生产，就不可能有人类历史。走中国特色金融发展之路，必须始终坚持马克思主义唯物史观的基本立场，坚持人民主体地位，紧紧依靠人民推动金融高质量发展。实践表明，做好普惠金融大文章的真正落地是在县域内，不断满足经济社会发展和人民群众日益增长的金融需求也是在县域内，不断开创新时代金融工作新局面的重点还是在县域内。从这个意义上讲，打造县域综合金融生态，正是践行以人民为中心的发展理念、还原金融服务实体经济本质的真切表现。在县域内可以实现金融与实体经济共成长，形成正向正行的社会生态，培育中国特色金融文化，让金融与党对社会发展、社会治理要求的方向同步。

2. 助力金融供给侧结构性改革的探索

中央金融工作会议指出，“金融服务实体经济的质效不高”。一个重要原因在于金融机构基于牌照约束的专项服务难以满足社会的综合需求。打造县域综合金融生态，融合区内金融机构和社会力量，以“种田式”的综合服务陪伴企业成长，将显著提升金融供给质量。实现金融供给侧结构性改革的关键就是要从金融的社会价值视角出发，开辟出一条“就社会论金融”的新路径。这意味着金融不仅要追求经济效益，更要注重其在促进社会进步、改善民生、支持可持续发展等方面的社会价值。在这一视角下，金融的功能性被放在首位，强调金融应当服务实体经济，满足社会各阶层特别是弱势群体的需求。这与传统的“就金融论金融”形成鲜明对比，后者往往过于关注金融自身的盈利性和风险控制，而忽视了金融在社会发展中的积极作用。县域综合金融生态建设从根本上改变金融机构与各类主体的依存关系，金融机构需要从单一的金融服务提供者转变为提供全面解决方案的服务商。通过整合资源、创新产品和服务，金融机构能够更好地满足县域内不同主体的需求，从而促进县域经济的多元化和均衡发展。在此过程中，金融机构不再是单纯的利益追求者，而是推动社会进步、促进经济发展的重要力量。这样的金融生态不仅能够促进县域经济的高质量发展，还能够为整个社会的可持续发展作出积极贡献，进而为金融高质量发展创造健康良性的社会环境。

3. 从“就金融论金融”走向“就社会论金融”创新

金融的本质是经营风险，诸多金融理论认为，资产质量、标准化的抵质押品是信用评价的主要依据，认为金融只是覆盖在经济之上的“一层面纱”，从而将金融自身风险与实体经济风险割裂开，将金融自身发展与经济社会发展区别开来，这在本质上是“就金融论金融”的理论逻辑。党的十八大以来，中央多次强调“经济是肌体，金融是血脉，两者共生共荣”，要坚持经济和金融一盘棋思想，就要从根本上解决经济金融风险隐患。而落实中央要求的切口就在县域，因为金融风险的重点在县域，诚信和社会治理最核心的基础单元也在县域。依靠县域里的熟人世界、社会诚信、政府力量等多种要素可以加强风险管控，使金融风险管理从资产把控走向依靠社会各种要素把控，从金融体系自身的风险管理走向金融体系与实体经济的综合风险考量，进而突破传统金融风险理论思维，从“就金融论金融”走向“就社会论金融”，实现金融理论逻辑全新的转变和突破。这也改变了过去“信用算法只是经济问题、个人诚信只是社会问题”的片面认识，真正将信用风险与社会诚信程度挂钩，形成可评价、可量化的信用体系，依靠县域的综合力量将金融生态打造得越来越好，在县域的社会、经济、金融整体循环中解决金融的可持续性问题，让金融的现代工具更接地气，从而降低全社会的信用成本，从真正意义上疏通资金流入实体经济的渠道，为经济社会发展提供高质量的金融服务。

第二章

县域综合金融生态建设的缘起

理论缘起：善本金融理论

1. 善本金融奠定了县域综合金融生态建设理论基础

（1）善本金融理论的提出

中国式现代化需要中国特色金融的有力支撑。尤其是当前，金融面临着两大变局，呼唤金融理论创新并以理论创新指导实践创新。如前文所述，一是金融的定位和站位变局。中央金融工作会议、省部级主要领导干部推动金融高质量发展专题研讨班等明确提出了“八个坚持”的中国特色金融发展之路，要求金融高质量发展，践行政治性、人民性，为经济社会发展提供高质量服务，加快建设金融强国等，这对金融的定位和站位提出了全新的时代要求。二是数字化变局。以大数据、云计算、人工智能、量子信息等为代表的数字科技革命改变了经济社会发展方式和人们的生产生活方式，成为重组资源要素、重组经济结构、重组竞争格局的关键力量。应对这两大变局，需要重新审视西方主流金融理论对中国金融发展的解释力，需要从金融发展史、现代金融本质内涵、中国式现代化的本质要求的视角和逻辑来开展中国特色金融发展理论创新，善本金融理论应运而生。

（2）善本金融的概念和内涵

所谓善本金融，是从社会价值向度审视金融逻辑，明晰金融本源并确立金融服务功能为第一性，由此导正金融供给侧结构性改革方向；在此基础上，把“善”的基因嵌入金融服务基本逻辑，作为风险管理的重要尺度，构建信贷“抑恶扬善”评价体系，推动“金融向善”与“客户崇善”同向同行，营建以人民为中心、以善为本的发展生态，形成金融服务中国式现代化新范式。

善本金融主要包括三方面内涵。一是金融回归本源，确立服务功能第一性。金融具有功能性和盈利性双重特性，从金融发展的历史来看，金融服务的功能性是第一位的，盈利性是第二位的。确立金融服务实体经济的功能第一性，就确立了金融评价的社会价值视角。二是以善本原则导正金融放大功能。金融作为现代工具，本身属性是中性的，但金融服务的对象有善恶，尤其是金融先天具有放大功能，服务善的主体就是放大了正的能量，服务恶的主体就是放大了恶的危害。因此，金融必须确立起善本原则，并以善本原则导正金融的放大功能，服务善的主体、善的领域、善的行为。三是践行政治性、人民性。金融的政治性要求坚持党的领导，坚决防止金融资本控制社会。党代表人民的根本利益对金融工作把关定向，这是金融第一位的“善”。金融的人民性要求增进民生福祉，突出金融的基础性、保障性功能，最本质的是树立以人民为中心的价值取向，回归到助力共同富裕、增进民生福祉的定位。

（3）善本金融是县域综合金融生态建设的理论支撑

实践是理论创新的基础和原动力，反过来，理论在形成以后或者在形成过程中对实践具有重要指导意义。首先，在县域开展综合金融生态建设是善本金融理论创新的需要。在善本金融理论形成过程中，边实践、边提炼、边检验，尤其是金融顾问制度作为第一大支柱形成以后，为让金融更接地气，更深入地助力金融供给侧结构性改革，将金融服务创新实践延伸到国家治理、社会治理和金融治理的基础单元——县域。用善本金融理论指导县域实践，在县域实践中不断提炼总结从而丰富善本金融理论。经过两年多实践，县域综合金融生态建设已经成为善本金融理论的重要支柱。其次，善本金融为县域综合金融生态建设确立了制度框架。善本金融践行政治性和人民性要求、以功能第一性服务实体经济、以善本原则导正金融放大功能等，为在县域探索金融供给侧结构性改革的路径、推动金融高质量发展和金融服务经济社会高质量发展指明了方向，也明确了在县域内开展金融制度创新、机制创新和实践创新的框架。最后，善本金融为县域综合金融生态建设提供了核心支撑。作为善本金融的第一大支柱，金融顾问制度为县域综合金融生态建设提供了金融顾问专业队伍。依托于金融顾问工作室，金融顾问围绕政府、企业、居民三大主体开展“融资 + 融智”综合金融服务，从而真正打通金融服务的最后一公里。

2. 功能第一性明确了县域综合金融生态建设实践定位

在县域推动金融高质量发展，坚持功能第一性是必然选择也是最优选择。党的二十届三中全会要求“深化金融体制改革”，中央金融委员会办公室在进一步落实深化金融体制改革中提出了“四大原则”，其中之一就是坚持目标导向和问题导向相结合。目标导向就是金融要以服务强国建设、民族复兴伟业为目标——县域是实现这一目标最重要的出发点和着力点；问题导向主要针对过去由于过度强调盈利性金融服务出现的各种问题，这些问题在县域都有集中反映。可以说，功能第一性既是县域综合金融生态建设的应有之义，也是关键所在。

（1）在县域以功能第一性优化资源配置和强化风险管理

从金融的功能性出发，站在县域全局、长期的视角，更好实现资源的跨期配置和风险管理，从而优化县域金融生态。一方面，推动金融资源真正集聚到县域高质量发展的战略方向、重点领域和薄弱环节上来，利用金融在价格发现中的天然优势，真正实现长期、可持续的发展。金融的功能性要求扬弃过去金融单纯以盈利为目的的“资金空转”“雨天收伞”“嫌贫爱富”等做法，推动金融服务从“被动的需求跟随”转向“主动的供给推动”，从“以产品为中心”转向“以客户为中心”，从“打猎模式”转向“种田模式”，实现金融服务结构和质量的转变提升，在促进县域社会整体增长的同时，实现金融自身的可持续发展。另一方面，有效管理和调节金融自身行为，防范化解系统性金融风险，保持县域金融稳定。防范化解金融风险特别是防止发生系统性金融风险，是金融工作的根本任务，也是金融高质量发展的逻辑前提。在盈利性主导下，以财务审慎理性为准则的金融机构具有高度一致性行为，导致市场容易出现剧烈波动和金融风险具有高度传染性。金融的功能性强调发挥金融的融资功能和放大功能帮助实体经济化解风险，有效缓解金融风险内生机制，阻断金融风险蔓延，防止金融泡沫扩大，增强金融自身抵御风险能力，实现高质量发展。

（2）在县域以功能第一性促进金融创新和金融治理

只有从金融的功能性出发，才能够保持金融守正创新活力，从而推进县域金融治理。金融高质量发展的一个重要内涵是“坚持在市场化法治化轨道上推进金融创新发展”。但当前在县域里面，金融机构要么存在不创新的问题，要么存在伪创新、乱创新的问题，从根本上讲，这主要是金融机构的定位存在偏差，金融治理体系有待完善。只有坚持金融的功能第一性，才能够实现金融机构以实体经济为锚、在法治轨道上的守正创新，增进金融治理和服务实体经济的能力，这是县域金融高质量发展的根本动力和重要手段。

（3）在县域以功能第一性传承中国特色金融文化

只有从金融的功能性出发，才能真正坚守中国特色金融文化的义利价值观，实现县域金融更平衡、更协调和更稳定的发展。中国特色金融文化是中国式金融区别于西方金融的底蕴所在，而县域是我国优秀传统文化保存和传承最完整的区域。中国特色金融文化强调“以义取利，不唯利是图”，这种义利观、价值观深刻体现了金融高质量发展的内在要求，那就是金融要“义”字当头即功能性第一位，“利”字为次即盈利性第二位，义利相兼。只有这样，金融才能在服务实体经济中真正实现自身价值，才能在推动高质量发展中获取合理回报，才能在“义”和“利”的平衡中实现自身高质量发展。

3. 金融社会价值指明了县域综合金融生态建设实践方向

金融的社会价值是善本金融的重要内涵，其对于县域综合金融生态建设的意义在于，金融不仅要实现自身高质量发展，还要“从社会看金融”，将金融发展与经济发展、社会发展等结合起来，推进县域经济社会整体发展。

（1）基于金融社会价值推动金融服务县域的功能性发挥

金融社会价值是综合考量社会、经济与金融的关系，以人民为中心，服从服务经济社会，为服务高质量发展提供解决方案。首先，坚持金融的社会价值，才能不断满足人民对美好生活的向往。人民幸福安康是高质量发展的最终目的，而县域是人民群众的集居地。只有坚持金融的社会价值，才能为人民提供更多基础性、保障性金融供给，扩大普惠金融服务覆盖面，让更多兼具安全性、收益性、流动性的金融产品走进寻常百姓家，从而提高人民对金融服务的可得性、满足感，缩小贫富差距，防止社会撕裂。其次，坚持金融的社会价值，才能真正践行好服务实体经济的宗旨。高质量发展强调实体经济的可持续性和稳定性，这一过程需要凸显金融社会价值，发挥资源配置核心功能，将资金引导到具有长期增长潜力、创新驱动的产业领域，而不是过度关注短期盈利。尤其是在产业升级过程中需要金融加强对持续性产业的培育，壮大耐心资本，为新质生产力发展蓄势赋能。

（2）基于金融社会价值推动县域生态中各主体福利更趋近帕累托最优

坚持金融的社会价值将推动金融由“个体理性”转向“集体理性”，推动县域社会整体福利更趋近全局的帕累托最优。坚持功能性第一位，在一定条件下让渡金融的经济价值，引导金融盈利活动符合社会发展整体目标，以实现县域社会福利最大化和整体风险最小化。在以个体期望效用最大化为目标的“个体理性”下达到的社会均衡点，难以服务社会整体最优。在不考虑外部性作用下，微观金融理论构建了以自身风险管理为核心的运行体系，社会中的个体都是从最大化自身期望效用的角度出发来制定决策，通过平衡安全性、流动性和盈利性的关系实现“个体理性”。在静态信息博弈下，这种“个体理性”以追求股东价值最大化、更高利润、更低风险、更大市场份额为主要目标，是金融机构个体实现的短期局部最优，是一般均衡下个体期望效用最大化的纳什均衡点。但在社会整体视角下，这个博弈过程忽视了金融体系问题的全局性和风险的负外部性，在效率和公平上存在局限。在过度追逐盈利性下，可能导致信息不对称造成的风险过度积累和资源过度集中，从而引发系统性金融风险和社会问题。因此，这种纳什均衡不一定能最大化所有博弈者期望效用总和，也难以达到全局帕累托最优。而从长期的、全局的视角审视金融的社会价值，在“集体理性”中与民生共进、与大众共享，是社会整体福利的帕累托改进。金融主动超越自身的“经济属性”，拥抱天然的“社会属性”，放弃或弱化过于强调盈利性的个体思维，以合理的资源配置、公平的金融服务，将使得实体经济获得更多资金、降低融资成本，以及扩大生产、激发创新和投资。同时，从社会价值视角审视金融风险，通过敏锐捕捉社会需求并理性地承担风险，避免风险外溢以及由此带来的社会经济动荡甚至危机，促进经济稳定增长并提高社会发展水平，从而在增进社会其他主体福利的同时，维护金融自身的核心利益和长期稳定，实现社会整体福利的帕累托改进，趋近社会整体的帕累托最优。

实践缘起：金融顾问制度

2023 年 10 月，中央金融工作会议首次提出推动我国金融高质量发展，加快建设金融强国，对中国特色金融发展提出了新要求。在中国式现代化进程中，金融已经成为支撑国民经济和国家核心竞争力不可或缺的力量。正是从这个意义上讲，不能单纯以经济价值作为对金融工作的考量，必须从社会价值视角审视与修正金融的功能和定位。金融顾问制度是基于金融回归本源、服务实体经济初心开展的探索实践，坚持金融功能第一性，针对金融领域的突出问题和矛盾，开展了一系列公益性、综合性的服务，其突出特点就是着力提升和释放金融社会价值。自2018年创建金融顾问制度直至2022年，经过几年的探索实践，已实现浙江省地市级金融顾问服务全覆盖。在此基础上，为进一步推动金融服务下沉、探索出金融供给侧结构性改革的新路径，2022年初，以金融顾问制度为主要支撑，开展了县域综合金融生态建设探索。县域综合金融生态建设以金融顾问工作室为载体，以金融顾问队伍为生力军，聚焦打通金融服务的最后一公里，从政府、企业、居民等角度实现金融服务的价值提升，打造"金融生态优质区"，更好发挥金融服务实体经济质效，更好提升金融在国家高质量发展中的作用。

1. 金融顾问制度发轫

（1）金融顾问制度是民营经济大省"金融之问"的现实解答

2018年，受宏观经济"三期叠加"、中美贸易摩擦等因素的影响，我国金融市场股市、债市、汇市承压，部分民企在2015—2016年利用宽松的政策盲目扩张，积累了大量风险和问题，导致股票质押爆仓、民企债券违约、P2P（点对点，个人对个人）逾期兑付等现象时有发生，如金诚集团理财爆雷、金盾集团股票质押爆仓、盾安集团及精功集团资金链断裂等。针对部分民营企业遇到的融资难题，监管部门从信贷、债券、股权三个融资渠道采取"三支箭"的政策组合，支持民营企业拓展融资。同时，政府积极为民营企业发展营造良好的法治环境和营商环境，依法保护民营企业权益，鼓励、支持、引导非公有制经济不断发展壮大。

在当时的浙江，互联网金融风险暴露，P2P 网贷机构发生集中爆雷风波，民营经济融资难、经营难造成的风险互相传染和迭代，迫使防范化解金融风险攻坚战全面打响。2018 年 6 月，浙江省委、省政府主要领导在调研企业时提出“金融之问”：“金融机构有那么多的专业人才，如何在做好自身风险防范的同时，帮助量大面广的企业识别、防范、化解金融风险?”为打好防范化解金融风险攻坚战，促进经济金融持续健康发展，包括浙商银行、财通证券等在浙金融机构、中介机构在浙江省地方金融监督管理局的指导下进行了深入的研究，借鉴“法律顾问”“家庭医生”的制度安排，提出在浙江探索实践金融顾问制度。通过推动金融专业人士走进各类市场主体，提供多方面的金融咨询服务，帮助企业发展、化解企业风险，同时提升金融专业人士的社会情怀、实现自身的价值，形成正向的反馈机制，从而推动金融顾问制度持续发展。

(2) 金融顾问制度是解决当前金融服务三对矛盾的有效探索

一是金融具有功能性和产业性双重特征，金融功能性与产业性之间的矛盾导致对实体经济服务不充分。

金融功能性强调金融对经济发展的“服务支撑”作用，以服务经济社会为主要目标，注重社会价值导向；金融产业性强调金融机构的企业属性，以追求自身盈利为主要目标，注重经济价值导向。当前，对金融机构的考核仍以规模、利润和业务竞争力等指标为主，金融机构也把盈利放在突出位置，过度强调了金融的产业属性，弱化了金融的功能性。对于好的企业抢着服务、过度服务，而量大面广的中小企业却缺乏专业人士服务。金融机构要胸怀“国之大者”，不能只追求股东的利益，更应该去实现金融功能、社会价值，从而缓解甚至化解这一矛盾。

二是金融牌照管理造成的“专项服务”供给与客户的“综合服务”需求之间的矛盾，导致对市场主体的金融服务不全面。

在分业监管的模式下，金融机构往往围绕各自的牌照提供相应的金融服务，金融专业人士主要围绕所在机构提供金融服务。但各类市场主体的金融需求往往是综合性的、多元化的，单一金融机构很难满足客户的综合金融需求。与此同时，金融过于强调融资服务而忽略社会普遍存在的金融专业咨询服务。这些问题需要通过机构间的协同才能解决，但目前机构间的协同比较松散，很多协同浮于表面，很难深入。

三是地方政府化解金融风险方面的任务繁重与地方政府本身的金融专业力量不足之间的矛盾，导致地方政府防范化解重大风险的能力捉襟见肘。

随着我国经济增速的放缓和发展方式的转变，地方政府面临的经济金融风险压力不断增大，老百姓的金融安全意识亟待提升，而地方政府自身的金融专业人士又相对稀缺，很难满足社会管理的需要。这个问题还表现在全社会金融防范意识和能力提升与金融机构责任不匹配方面，需要金融机构的专业人士走出机构，补充社会专业力量，为政府、企业、社会提供公益服务。

以上问题从不同角度反映出金融供给方与需求方的不对称，表现为供给的金融专业性、专营性与需求的综合性、复杂性之间的矛盾，这说明金融机构还需要进一步担起服务实体、全心服务企业的职责。

（3）金融顾问制度是金融供给侧结构性改革的浙江实践

2018 年中央经济工作会议明确指出，我国经济运行主要矛盾仍然是供给侧结构性的，必须坚持以供给侧结构性改革为主线不动摇。2018 年 11 月，为打好防范化解金融风险攻坚战，促进经济金融持续健康发展，金融顾问制度作为供给侧结构性改革的制度创新被提出，开始在浙江试点运行。2019 年 2 月，在中共中央政治局第十三次集体学习时，“金融供给侧结构性改革”第一次被提出，会议提出要正确把握金融本质，深化金融供给侧结构性改革，增强金融服务实体经济能力。2023 年 10 月，中央金融工作会议明确提出“以深化金融供给侧结构性改革为主线，加快建设中国特色现代金融体系”。

金融发展不平衡、不充分是我国金融体系长期存在的深层次、结构性矛盾，也是制约服务实体经济质效的关键因素。中央提出金融供给侧结构性改革，其实质就是要回归金融服务经济发展的初心和本源，以客观需求为导向设计金融制度、金融工具、金融产品，实现金融服务与实体需求的对称和匹配。金融顾问制度就是基于回归服务实体经济发展需求初心，实现供需匹配的探索，是一项系统工程，着力拆除供需篱笆，实现供给方与需求方的良性互动。自创立以来，金融顾问制度坚持金融的功能性为第一位，推动金融服务从“打猎文化”走向“种田文化”；推动金融专业人士突破牌照限制，从企业员工考核走向社会价值认同；推动金融机构围绕客户需求提供综合化的金融服务。金融顾问制度通过“1 + N”综合金融服务模式，从制度上优化金融供给，开启金融供给侧结构性改革的浙江实践。

2. 金融顾问制度设计

（1）职责定位

金融顾问是指金融机构、会计师事务所、律师事务所、股权投资机构、相关行业协会等单位委派，运用自身的专业知识和技能，为地方政府和企业提供金融规划、投融资、金融风险防范与处置、法律与财务等咨询服务的专业人员。金融顾问定位于当好政府“金融子弟兵”、企业“金融家庭医生”和居民“金融理财咨询师”，发挥金融顾问服务实体经济、充当地方政府金融智库、帮助企业合理运用金融工具、指导企业做好风险防控、帮助居民做好投资者教育等作用。金融顾问制度是金融机构和中介机构金融服务功能的一种延伸。金融顾问服务原则上不收取费用，由地方政府提供指导支持，金融机构、中介机构提供相关人才、经费支撑。

金融顾问制度坚持以公益为导向，制度设计、运行不以追求金融顾问个人或金融机构经济效益为目标，而是旨在通过提供公益性的金融服务解决金融供给不足、金融排斥等问题，提高社会福祉，强调金融活动的社会责任、社会贡献和社会价值。金融顾问的服务围绕政府、企业、居民的实际需求，不断优化金融生态，改善金融结构，提高金融供给满足实体经济金融需求的能力，提升金融配置效率，防控系统性金融风险，以金融高质量发展助力强国建设。按照制度设计，每位金融顾问每年至少开展 6 次公益咨询服务，每家金融顾问工作室每年至少组织 2 场金融专题培训和 10 场入企帮扶活动。

（2）服务内容

金融顾问聚焦重大战略，当好政府“金融子弟兵”，助力营商环境优化提升、数字经济创新提质、“地瓜经济”提能升级；聚焦服务实体经济，当好企业“金融家庭医生”，以“1 + N”综合金融服务伴随企业成长、以客户为中心创新金融产品、以“金融向善”理念助力企业纾困解难；聚焦服务共同富裕，当好居民“金融理财咨询师”，开展多层次投资者教育活动、走进山区海岛县精准帮扶、开展“理念 + 业务 + 公益”的支援行动等。截至 2024 年 7 月末，据不完全统计，累计对接企业 8.71 万家，累计落实融资 8474.42 亿元。

金融顾问主要提供以下七个方面的服务。一是政策咨询，为企业解读国家金融法律、法规和政策，帮助企业了解金融市场动态，为企业提供金融等知识培训。二是投融资服务，帮助企业制订投资计划，拓宽融资渠道，合理运用金融工具；协助企业优化融资结构，落实融资方案，降低融资成本；指导企业股改，优化股权结构，对接资本市场；指导企业围绕产业链开展境内外并购重组。三是风险防范，帮助企业完善法人治理，提升经营管理水平；帮助企业建立健全内控制度，加强流动性管理；指导企业化解资金链和担保链、股权质押等存量风险，防范增量风险。四是综合服务，发挥各自的专业能力和资源优势，为企业提供专业方案、推荐服务机构、寻找投资标的以及协调其他金融资源等。五是参谋助手，协助地方政府加强金融管理，完善金融发展规划和政策措施，推进金融改革创新，建立政府与金融机构协作机制，防范和处置区域金融风险；帮助政府部门开展专业培训，提高政企金融管理能力。六是信息反馈，通过对相关企业的服务，总结提炼企业实际面临的阶段性困难，向地方政府、监管当局反馈各类信息，助力地方政府部门出台相应的帮扶政策及纾困方案。七是投资者教育，主动走进社区、校园、产业园等社会群体，做好金融知识宣传和金融安全教育，协助提高居民反诈能力和金融素养。

（3）“1+N”综合金融服务模式

金融顾问在为企业、政府和居民提供咨询服务时，能够推动金融专业人士突破牌照限制，通过“1+N”综合金融服务模式，整合多方面的信息和资源，结合客户的实际情况和需求，提供全面、专业、便捷的一站式综合服务方案。“1+N”综合金融服务模式建立了一个包括金融管理部门、金融机构、中介服务机构、金融专业人员等金融主体在内的多样化的金融生态系统，聚合了跨行业、开放式的金融生态要素，共同为实体经济、居民部门等各类主体提供精准滴灌型普惠金融供给。对于金融机构乃至金融体系而言，通过金融顾问制度生态体系的构建，能够推动金融服务从“打猎方式”转向“种田方式”，从“以牌照为中心”的专项服务转向“以客户为中心”的综合服务；优化金融资源流动和配置，引导金融“活水”浇灌实体经济，促进金融对实体经济企业的“陪伴式”支持。在实践中还发现，以金融顾问制度为纽带构建的综合金融服务生态系统具有内生性自发式扩展功能，主要表现在生态系统内的各要素通过自发的沟通配合，能够形成更多延展性的服务模式创新。

在“1 + N”综合金融服务模式中，“1”即金融顾问，“N”即金融顾

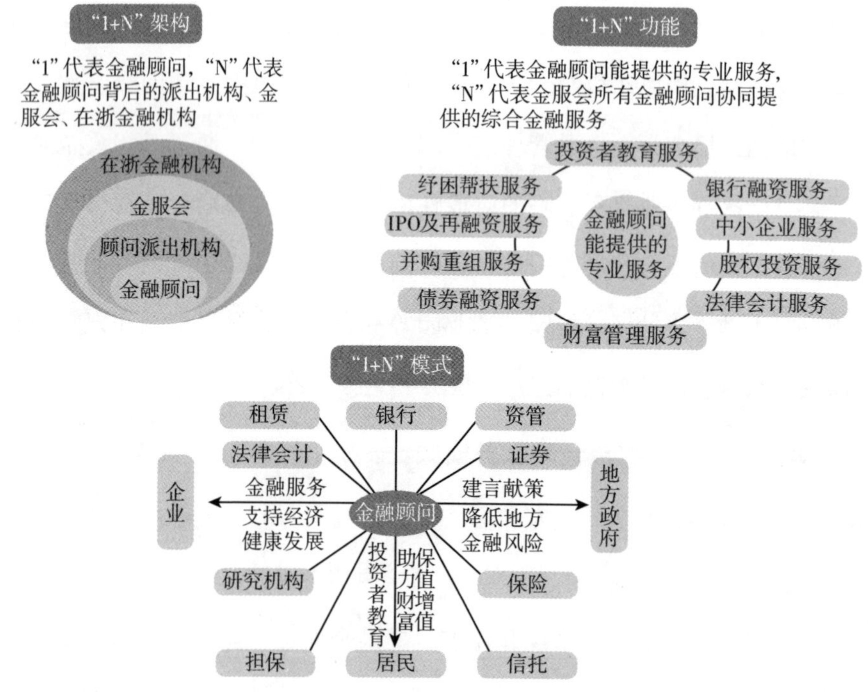

图2－1 “1＋N”综合金融服务模式

问背后的派出机构、金服会、在浙金融机构等 N 种金融资源和力量（见图 2－1）。金融顾问在服务时，不仅可以利用自身专业能力帮助客户解决问题，也可以协调其他各类金融机构、金融顾问开展综合化的服务。

3. 金融顾问制度发展

（1）金融顾问

选聘金融专业人才是金融顾问工作的重要基础，金融顾问既要有丰富的金融专业知识和金融从业经验，也要有公益之心、利他之心。金融顾问候选人由各级金融工作部门及银行、证券、保险、私募基金、会计师事务所、律师事务所等各类金融机构、中介服务机构委派或推荐。被推荐人员是具有金融从业经历的专家型人才，根据相应条件可被聘任为县级、市级、省级金融顾问。金服会为金融顾问颁发聘书，聘期 3 年，期满考核合格可以续聘。金融顾问离职或不再从事相关金融服务工作，予以解聘。截至 2024 年 6 月，126 家金融机构、中介服务机构已组建了一支 4200 余人的金融顾问专业队伍（见图 2－2）。

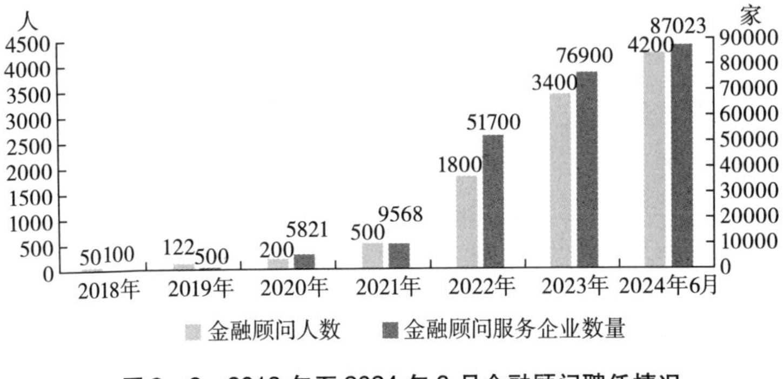

图 2－2　2018 年至 2024 年 6 月金融顾问聘任情况

（2）金融顾问工作室

金融顾问工作室是各地金融顾问的活动平台，通过组织各类活动加强当地金融顾问协同合作，凝聚队伍力量，搭建金融顾问与地方政府部门、企业密切联系的桥梁，营造区域内良好的金融服务生态。截至2024年6月末，已组建146家金融顾问工作室（见图2－3），其中，县域综合金融生态建设金融顾问工作室41家，并搭建了属地化服务体系，配备了专门的办公场地、活动组织区域和日常联络驻场人员。

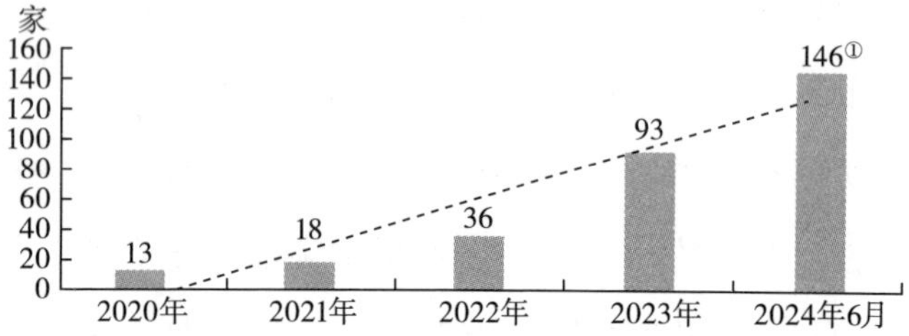

图2－3　2020年至2024年6月金融顾问工作室组建情况

注：①其中，省内103家，省外43家。

（3）金融顾问制度推广情况

2018年11月，浙江省地方金融监督管理局印发《建立企业金融顾问制度试点工作方案》，浙江省数十家金融机构选聘首批50名省级金融顾问在10个县（市）开展试点工作；2019年，金融顾问制度在浙江全省推广；2020年，金融顾问制度写入《浙江省地方金融条例》；2021年3月，人力资源社会保障部将公司金融顾问收编至2021年新职业。2021年以来，金融顾问制度相继写入《浙江省金融业发展“十四五”规划》《关于金融支持浙江高质量发展建设共同富裕示范区的意见》等重要文件。2023年3月，中央电视台《经济半小时》栏目对浙江的金融顾问制度进行了深度报道。经过近几年的探索实践，金融顾问制度在试点经验、制度办法、人才培养等方面已基本成熟。

金融顾问制度坚持金融功能第一性，针对金融领域的突出问题和矛盾，开展了一系列公益性、综合性的金融服务，是基于金融回归本源、服务实体经济的初心开展的探索实践，突出的特点就是着力提升和释放金融社会价值。自 2018 年创设以来，已形成省、市、县三级联动机制，实现了浙江 11 个地市金融顾问服务全覆盖，并走出浙江推广至北京、上海、甘肃、四川等全国 16 个省（自治区、直辖市），取得了较好的社会效应。其中，上海、四川、甘肃、陕西等省市专门就“金融顾问”下发红头文件。北京推广“小微金融顾问服务”；上海着力打造“普惠金融顾问制度”并大力开发数字化管理系统；重庆推出线上线下金融顾问机制；甘肃召开全省金融顾问启动大会，聘任首批 131 名金融顾问；陕西围绕重点商圈推出“党建 + 金融顾问”服务个体工商户试点方案；安徽推进金融顾问服务长三角一体化协同发展等。同时，金服会成员单位通过对接当地政府，以牵头设立金融顾问工作室的方式，将金融顾问服务延伸覆盖省外河南、天津、重庆、青岛、合肥、深圳等 22 个省市。金融顾问制度作为浙江省首创的金融供给侧结构性改革的创新举措，正逐步形成可供全国复制推广的改革样板。

（4）金融顾问成为综合金融生态建设的引领者和实践者

2022 年 1 月 14 日，为以金融顾问制度继续深化金融供给侧结构性改革的浙江实践，打通金融服务的最后一公里，助力金融强省建设，以浙商银行为主席单位的金服会组建了一支 79 人的省、市、县三级金融顾问队伍，其中省市级金融顾问 41 人、区县级金融顾问 38 人，与杭州市临平区政府合作，共同创建“综合金融服务示范区”，打造一个以区金融办和专班工作小组为核心、金融顾问队伍为支撑的服务体系，探索金融机构从以牌照业务为中心向以客户需求为中心转变的路径，建立集聚不同金融机构资源为客户提供综合金融服务的体制机制，形成金融机构与政府、企业共生共荣、伴随成长的金融服务模式。

在示范区建设引领推动下，经过两年的实践，杭州市临平区金融生态显著优化，全区累计上市企业达27家，2023年新增3家，杭州市排名第2，全区新增市场主体5954家。2023年末，全区金融业增加值占GDP的比例为10.9%，对GDP提升的贡献在1.2个点左右。银行业贷款余额3269.18亿元，同比增长18.08%，全市排名第5；存款余额3329.75亿元，同比增长12.29%，全市排名第4。整体营商环境明显改善，2023年末，金融顾问领衔的综合金融服务在示范区累计撮合各类项目融资超80亿元，促成直接融资规模超40亿元。2023年，示范区内4家企业成功入选年度省级科技“小巨人”企业，数量较上年翻番；新认定国家级“小巨人”13家、省级专精特新中小企业108家。“金服宝·小微”数字化平台除集成金融服务外，还集成了财税、人力、法制等40余家优质第三方服务商，累计接入小微企业3.1万家，累计服务企业近5500家，累计提供贷款7.4亿元。社会金融意识整体提升，2023年，区内金融诈骗案件发生率及案损金额分别同比下降16.6%和27.2%。2023年以来，区内未新增非法吸收公众存款、集资诈骗等相关非法集资案件。

第三章

县域综合金融生态建设基本内容

县域综合金融生态建设工作机制

作为金服会的主席单位，浙商银行擎旗将县域综合金融生态建设模式在全国复制推广，工作机制进一步完善明确，形成了“六个一”基本架构。浙商银行各分行在与当地党委和政府密切协同的基础上，围绕地方党委和政府最关心的工作、地方经济社会发展最急难愁盼的需求，因地制宜制定行动方案和建立组织、场地、人员等保障机制，确保县域综合金融生态建设工作有效推进。

1. 制定一个行动方案

坚持与各区县党委和政府的经济金融中心工作相结合，围绕重大战略、重点工作制定行动方案，对县域综合金融生态建设的组织架构、工作目标、工作任务及推进要求等进行规划，着力构建“政府领导＋金服会赋能＋金融机构广泛参与”的协同模式。

2. 成立一个领导小组

由各区县政府主要负责人和浙商银行分支机构主要负责人担任双组

长，加强县域综合金融生态建设工作的组织与协调，提升政府对金融的管理水平、金融对社会的畅享程度。

3. 建立一个工作专班

抽调相关政府部门工作人员、金融机构业务骨干共同组成工作专班，有条件的可选派金融机构业务骨干到政府部门挂职。发挥全国性股份制银行综合服务优势，助力地方经济社会发展，优化区域综合金融生态。

4. 召开一次推进会议

各区县政府主导召开县域金融生态建设推进会议，对区县相关政府部门、金融机构、中介服务机构等进行工作部署和推进落实，邀请区县企业代表参会，宣讲县域金融生态建设的服务内容。

5. 设立一个金融顾问工作室

浙江省内各区县政府与金服会共同挂牌成立金融顾问工作室，浙江省外各区县政府与浙商银行共同挂牌成立金融顾问工作室。

6. 组建一支金融顾问队伍

各区县政府主导，金服会与浙商银行配合，统筹协调辖内金融机构与相关中介服务机构，推荐选派人员加入金融顾问队伍，针对性满足当地政府、企业、社会的金融需求，提升金融服务质量和深度。

县域综合金融生态建设推广模式

县域综合金融生态建设以金融顾问工作为切入点和着力点，在县域范围内大力开展综合金融服务创新，形成了县域综合金融生态建设模式，即服务三大主体、创建三大工具、推出八项举措、取得六项成效。

1. 服务三大主体

围绕“政府平台健康运营、企业成本迭代下降、社会金融意识整体提升”三个目标，主要从政府端、企业端、社会端三个主体向度优化区域综合金融生态。

2. 创建三大工具

（1）面向企业端，搭建数字化“金服宝・小微”平台

在综合金融服务示范区内，按照数字经济创新提质“一号发展工程”思路，打造了数字化的“金服宝・小微”平台，与政府政务服务数字业务平台连接共享，引进第三方服务公司，降低小微企业运营成本；通过发放线上信用贷款，降低小微企业融资门槛，降低融资成本；以此为基础，探索小微企业数字化转型下的数字平台服务，实现小微企业全面数字化，运营成本进一步迭代下降。目前，“金服宝・小微”平台已形成融智融资融服务的应用体系，在发挥功能方面初步实现破冰。

（2）面向政府端，构建区域金融运行质量指标体系

通过构建涵盖政府部门、城投公司、非金融企业部门、居民部门、金

融部门等5个经济部门，涉及政府债务、财政收入质量、城投公司资产负债结构、城投公司股权投资效率等14项一级指标、23项二级指标的金融运行质量指标体系，既着眼于高质量发展全面客观穿透区县金融运行质量，又着眼于风险防范及时准确监测和识别区域经济中的潜在金融风险。

（3）面向居民端，定制“财富管理N课”培训课程

针对不同受众推出标准化投资者教育课件30余个、投资者教育视频42个，其中，“西湖十景”系列短视频被群众称赞“出新、出彩、出圈”，针对拆迁户提示非法集资风险的《狂骗日记》获国家处非联办指导开展的短视频大赛优秀作品奖。

3. 推出八项举措

（1）率先探索区县层面加强党对金融工作领导的工作机制

一是建立“党建引领金融”的区县金融工作新模式。探索成立由区政府分管副区长任党支部书记，区内有关部门、金融监管部门和金融顾问工作室金融机构为成员的联合党支部，配合政府推进区内金融工作。二是建立金融机构联合开展主题教育的互学互鉴互促机制。依托联合党支部，以包干区方式解答中小企业融资难融资贵、跨境电商因融资难而长不大、金融赋能新时代“千万工程”等课题。三是建立赋能党政经济金融干部队伍培训机制。以经济金融专业干部培训班为阵地，组织浙商银行、财通资本、金杜律师事务所等机构的金融顾问，围绕经济金融理论、形势政策、金融创新等设计了10门专项金融课程，并把培训对象拓展到事业单位和国有企业的管理人员。

（2）全面推行对示范区具有核心支撑作用的金融顾问制度

一是设立“三有”金融顾问工作室。在金服会和区政府共同主导下，县域综合金融生态建设金融顾问工作室有专门办公场地、有专门驻场人员、有专门活动安排，协助区政府防控金融风险，为企业提供个性化金融服务方案，向居民普及金融知识，提升社会金融素养。二是组建专业金融顾问队伍。金服会立足本地，引入区外优秀金融顾问，组建一支省、市、县三级专家型金融顾问队伍，提供顾问咨询及相关培训等针对性服务。

（3）首次创设指导区县防范化解金融风险的体检预警制度

一是赋能政府穿透性识别风险，首创县域金融体检报告制度。以此为基础，形成浙江省首份区县级金融运行质量体检报告，分 5 个维度进行穿透性分类分析并建立体检档案，让区县对风险状况做到心中有数。二是赋能政府针对性化解风险，首创县域金融风险防控指南。依托金融运行质量体检报告形成了“区县金融风险防控指南”，提示诸如政府平台融资结构、上市公司跨业跨区无序扩张等重要防控点，为防范化解地方金融风险提出具体应对措施，形成有效的区域金融风险防控机制，让区县对风险防控做到有的放矢。

（4）系统集成推动区县政府平台健康运营的多元金融工具

针对区县国有平台对金融工具的急迫需求，打造了政府投融资专业化咨询服务模式，并形成了“区县政府平台金融工具应用指引”。金融顾问工作室、金融顾问与区县政府建立对接交流机制，为投融资平台“问诊出方”，重点解决平台公司在降杠杆、盘活存量资产、参与城市更新改造等方面的痛点问题，为政府平台信用整合、提升信用评级、拓展融资渠道等提供咨询建议，助力地方政府融资平台稳健发展。

（5）专业构建助力区县打造特色发展赛道的产业指引体系

一是编制《区县产业精准招商指引》。从如何抓产业、如何招商引资等多个方面帮助区县找到真正符合自身特色的产业发展赛道，赋能区县政府以产业链延链补链强链为重点优化产业布局，提升区县产业核心竞争力。二是打造《金融助力招商引资服务手册》。针对政府招引产业项目前期可行性考量，编撰《金融助力招商引资服务手册》，为招引企业提供全生命周期服务方案。三是建立"企业风险早知道"工作机制。聚焦大企业外溢性风险传播、涉众型中小微企业资金安全和成长型企业壮大的融资需求，建立"企业风险早知道"工作机制，做好"风险提前预警＋服务超前跟进"。

（6）创新构筑满足企业多维金融需求的增值服务体系

一是建立上市培育企业金融服务矩阵。编制《企业上市中介机构优秀业务团队汇编》，按照券商、律师事务所、会计师事务所、风投机构等多个类别，由金服会开展团队筛选、把关和推介，分阶段引导企业需求与金融服务机构精准匹配。二是建立成长型企业金融助力联盟。针对成长型企业因融资困难而长不大的困境，金服会成员银行组成金融助力联盟，满足处于发展期企业的资金需求。三是建立服务区内企业的公益金融大讲堂平台。重点针对供应链金融、并购融资等实用热点，由省级金融顾问主讲，覆盖区内代表性头部企业、中小企业等，切实赋能企业发展。四是建立赋能园区管理的数字管理体系。从园区"招商难、管理难、服务难、融资难"四大堵点切入，创新智慧园区管理系统等综合金融服务模式，以数字化赋能产业园区管理及服务园区企业。

（7）全力打造金融赋能"千万工程"的可感共富模式

一是设立专题金融产品。分农村基础设施、产业振兴壮大、居民生活改善等板块设立专题金融产品。二是建设“金融共富村”。率先在习近平总书记调研过的新宇村开展试点，建设“五代”（代买、代卖、代寄、代收、代预约）金融共富驿站，创新探索整村授信、农产品帮销等服务，将部分金融机构自助服务网点改造成“温暖驿站”，形成助力推进“千万工程”的多元化金融服务路径，为促进浙江共同富裕示范区建设积累经验。

（8）一体推进帮助老百姓财富保值增值的投教理财活动

一是建立投资者教育宣传体系。以“金融反诈行　同奔共富路”公益活动、综合金融服务示范区投资者教育活动等多种方式宣讲投资理财和反诈知识。二是打造反诈超市机制。利用银行金融机构网点密布城乡的优势，打造反诈超市物理网点。三是建立“5060”反诈志愿者工作室。以区内金融机构网点为基础建立反诈志愿者工作室，选派50～60岁的临退休志愿者为老年群体提供宣导。四是举办“一机构一产品”系列理财节活动。由金服会成员金融机构精选优质理财产品，帮助居民树立科学理财观念，实现财产保值增值。

4. 取得六项成效

（1）区域金融生态显著优化

一是金融生态主体更全，在县域综合金融生态建设引领推动下，区县上市企业、新增市场主体明显增加；二是金融服务实体经济的质效更高，区县金融业增加值对GDP提升的贡献有所提高；三是金融自身高质量发展更实，金融机构在服务区县的同时实现自身的高质量、可持续发展。

（2）整体营商环境明显改善

一是对企业金融服务“一站集成”更加显著。金服会综合集成银行、证券、保险、律师事务所、会计师事务所等成员单位的金融服务和票财税服务，集成了对企业的综合服务。二是企业融资更加畅通。金融顾问领衔的综合金融服务以客户为中心，在线下以金融顾问工作室形式，在线上以数字化“金服宝·小微”平台方式，打通了金融服务的最后一公里。三是科技创新更加活跃。县域综合金融生态建设深入分析科技型企业全生命周期金融服务需求，焕能全生命周期产品体系，满足企业科技创新不同阶段的多元化金融需求，助力区县新质生产力发展。

（3）金融服务高质量发展呈现体系化运行

在县域综合金融生态建设中，探索形成了金融服务区域经济社会高质量发展的五大体系：一是“金融质量体检报告＋金融风险防控指南＋政府平台金融工具”三位一体的区县金融风险防范化解体系；二是“区县产业招商指引＋企业风险早知道”点面结合的区县产业发展体系；三是“数字平台＋公益讲堂＋产品创新”线上线下联动的小微普惠金融服务体系；四是“财富管理N课＋实体反诈场所＋反诈宣传队伍”立体化的投资者教育体系；五是“金融驿站＋整村授信＋农产品帮销”全方位的金融助力乡村振兴共同富裕服务体系。

（4）金融赋能综合运营规范的效率持续提高

“金服宝·小微”数字化平台除集成金融服务外，还集成了财税、人力、法制等40余家优质第三方服务商，为区县当地小微企业降低运营成本提供了可选项。依托智慧园区管理系统，降低园区管理及园区企业的融资和运营成本，为企业量身定制智慧园区管理系统，赋能园区企业数字化转型，降低人力成本。

（5）企业融资成本迭代下降

“金服宝·小微”数字化平台集成多家银行金融机构，在小微融资方面上架浙商银行“普惠数智贷”、余杭农商银行“商户助力贷”等信贷产品和服务69项。截至2023年末，平台累计接入小微企业3.1万家，累计服务小微企业近5500家，累计提供贷款7.4亿元。对跨境电商金融服务中，金融机构为跨境电商企业提供的融资利率从5%以上降至4.5%左右。

（6）社会金融意识整体提升

在系列投资者教育活动和“财富管理N课”工具赋能下，县域综合金融生态建设以线上线下相结合的方式开展防范非法集资讲座、宣讲活动，推送警示信息，有力推动区域金融意识的全面提升，减少区县范围内新增非法吸收公众存款、集资诈骗等相关非法集资案件发生。

县域综合金融生态建设模式推广情况

县域综合金融生态建设是浙商银行践行金融政治性、人民性的重大举措，是“善本金融”理念指导下的重要实践。站在党委和政府视角，与党委和政府同频共抓形成金融服务合力，是县域综合金融生态建设的核心价值；综合各种资源，系统谋划金融属地服务，生态化推动金融高质量发展是创新的关键所在。近年来，浙商银行擎旗将县域综合金融生态建设模式在全国范围内复制推广。其中，浙江省内在杭州、宁波所有县（区）全面推广，除杭州、宁波以外的其他地市，由浙商银行当地各分行至少选取一个县（区）推广；浙江省外由各分行在属地至少选取一个县（区）推广。县域综合金融生态建设模式已在全国22个省、42个地市、74个区县复制推广，并实现了浙江省内11个地市全覆盖。

县域综合金融生态建设模式在杭州率先推广，浙商银行杭州分行一方面积极与各区县政府办公室、经信、发展改革委等单位部门联动，另一方面在金服会擎旗下，引导各金融机构共同形成合力，通过资源共享和优势互补，推动金融供需精准匹配，助力优化区域金融生态和营商环境。杭州13个区县经济特色各异、功能侧重不同，对金融服务的需求也各不相同。县域综合金融生态建设精准对接各区县党政中心工作和各地经济发展的特定需求，推出具有区域特色的金融产品和服务，比如把杭州西部山区四县划为共同富裕板块，把余杭、滨江和萧山划为产业链金融、科创金融板块等，打造不同板块的片区特色。2024年5月11日，在杭州金融工作会议上，时任浙江省委副书记、杭州市委书记刘捷明确指示在杭州全面推广县域综合金融生态建设模式。6月14日，由市委金融办、金服会联合主办的杭州县域综合金融生态建设推进会暨主题培训会召开，对杭州13个区、县（市）的县域综合金融生态建设顾问工作室进行了授牌。8月23日，金服会主席，浙商银行党委书记、董事长陆建强在杭州市委组织的中国特色现代金融体系建设专题培训班上为杭州市党政金融领导干部做了“县域综合金融生态建设模式探索”的主题授课。在市委的坚强领导下，在各个区、县（市）金融管理部门和金融机构的努力下，县域综合金融生态建设试点模式正成为杭州金融强市建设的一张金名片。

在杭州分行先行实践的基础上，浙商银行各分行大胆创新，迭代升级，共同努力形成工作动势和浙商银行的制度优势，并因地制宜，打造出各地的特色。在福州，县域综合金融生态建设将福建省委金融工作会议提出的“四善金融”工作要求和浙商银行“善本金融”理念紧密结合，选定台江区，通过搭建属地化服务体系，升级政银对接数字化服务，探索“金融共富村、共富社区”试点，构建金融运行质量指标体系，推出银政企

“党建 + 消保 + 慈善”综合服务品牌等举措，打造福建省金融支持共同富裕的“台江样板”。在江苏，县域综合金融生态建设选定靖江市作为推广试点，瞄准当地“船车机电”优势产业综合化金融服务的需求，不断丰富金融顾问的内涵和外延；瞄准政府优化营商环境、帮助辖区企业做大做强的需求，通过供应链金融服务打造上下游一体化融资服务场景；瞄准政府小微园区数字化管理的需求，加快“金服宝 · 小微”落地，谋取“数字 + 园区”突破；瞄准当地居民资产保值增值的需求，探索构建“投研—宣教—推介”全流程财富管理服务模式；瞄准政府平台可持续发展的需求，集合金融机构、外部客户多方资源，助力政府平台市场化转型。在成都，县域综合金融生态建设立足社会侧，为阿坝藏族羌族自治州理县桃坪镇增头村捐资助建蜂蜜加工基地，在乐山市联合太平人保、太平财保推动沐川硒米出川强村农业发展有限公司金融服务方案落地，派出党员干部赴凉山彝族自治州布拖县基只乡老古村担任驻村第一书记，帮助农户发展蛋鸡养殖产业，带领农户持续增收等，打造金融助力乡村振兴的生动案例。

第四章

县域综合金融生态建设实践
——服务政府

金融治理是国家治理的重要组成部分，而政府是金融治理的主体。党的十八大以来，中央提出推进国家治理体系和治理能力现代化，一个重要领域就是完善政府金融治理体系和提升政府金融治理能力，以有为政府优化营商环境、推动经济社会高质量发展。县域综合金融生态建设作为金融供给侧结构性改革的实践创新、机制创新、制度创新，聚焦政府金融治理要点，优化县域营商环境，尤其是对于地方党建引领、地方金融风险防控和地方政务服务增值化改革等多个维度的治理，具有积极的创新意义。

赋能县域政府提升金融治理能力

1. 助力地方党委和政府对金融工作的领导

2023年，中共中央、国务院印发《党和国家机构改革方案》，“地方政府设立的金融监管机构专司监管职责，不再加挂金融工作局、金融办公室等牌子”，区县金融办面临撤销、金融管理职能面临调整，同时中国人民银行“不再保留县（市）支行”，这给区县金融管理和金融治理带来了新课题、新挑战。县域综合金融生态建设从金融的社会价值出发，赋能地方适应新的机构改革要求，开展了积极的实践尝试。

一是配合地方党委和政府探索领导金融工作的新模式。县域综合金融生态建设由区县政府领导，金服会协同配合。在机构改革新形势下，为健全区县党委和政府对金融的新型领导方式，发挥地方党委和政府的领导与主导作用，进行了一系列探索。例如，在区县金融改革创新试点过程中，可探索建立由地方党委和政府主要领导与金服会牵头机构负责人共同担任“双组长”的领导方式，配套建立“党委政府领导 + 金服会赋能 + 金融机构广泛参与”的组织机制，实现党委和政府领导与金融机构赋能的有机结合。

二是将党建引领与金融管理深度融合。为应对机构改革形势，需要建立地方党委和政府对金融工作领导的长效机制。作为一种方向和路径，可以探索成立由区县政府分管副区（县）长任党支部书记，区县有关部门、金融监管部门和金融顾问工作室金融机构为成员的联合党支部，配合政府推进区内金融工作、促进地方金融发展。例如，在临平综合金融服务示范区内，金服会成员单位余杭农商银行深化“总对总”联建对接，与临平区委统战部、区农业农村局、区市场监管局、区人力社保局、区公积金中心等部门合作，推进党建联建赋能全域发展。同时，金融顾问工作室成员金融机构机制化选派党员干部和专业骨干到区县政府金融部门挂职锻炼，充实政府专业力量，有效发挥对政府与企业、居民之间的金融服务衔接赋能作用。

三是建立金融机构联合开展主题教育的互学互鉴互促机制。为提高金融系统主题教育实效，切实发挥主题教育“回应群众关切、破解急难愁盼”的重要作用，可以在区县探索联合多个金融机构党支部共同开展主题教育的工作机制，针对中小企业融资难融资贵、金融赋能新时代“千万工程”等课题，创新共同聚焦主题教育破难题的工作方法。以临平综合金融服务示范区为例，在区内依托联合党支部，联合区级相关部门和 7 个银行党支部以包干区方式围绕“破一难、献一策、干一事”推进八个方面的重点任务，取得了积极成效。

2. 发挥“金融村官”在乡村治理中的作用

乡村是政府治理的神经末梢，乡村治理是推进乡村振兴、强化政府治理的重要内容。赋能党对乡村治理的集中统一领导，建设充满活力、和谐有序的乡村社会，增强农民的获得感、幸福感、安全感，更是金融社会价值的重要体现。2023 年，浙江省委、省政府出台《关于坚持和深化农村工作指导员制度助推乡村振兴共同富裕的意见》，向乡村派驻第一书记。“省派村第一书记”成为区县党建的重要方式，是加强对“千万工程”的金融支持和推动乡村振兴的重要牵引，在夯实基层基础、密切党群关系、加强干部培养等方面发挥了重要作用，为乡村振兴提供了新的路径，也为金融服务乡村治理提供了政策和制度支撑。

案　例

发挥“驻村第一书记”在农村金融服务中的作用

浙商银行是省属金融企业，贯彻落实省委、省政府要求，向衢州市龙游县席家村派出“驻村第一书记”。驻村第一书记制度发挥出党对基层金融工作的领导作用，在席家村设立了综合金融生态建设金融顾问工作室，由驻村第一书记与金融顾问协作，组织金融顾问走进基层、走进农户，了解村情民情，推动席家村产业升级、强村富民和金融普惠，探索助力席家村实现可持续特色发展的路径，为全省县域综合金融生态建设提供了示范样板。同时，由浙商银行和席家村开展党建联建签约，共同开展党建联建活动。为探索乡村善治，浙商银行推动慈善信托在席家村落地，通过由席家村与慈善企业签署慈善信托合作意向书，落地实施慈善信托项目，促进乡村治理。

案 例

浙江发挥“金融副村长”在农村金融服务中的作用

在浙江省内，以临平综合金融服务示范区为载体开展了“金融村官”机制试点，由金服会牵头单位浙商银行推荐，区政府或村基层组织任命、金融机构共建，为临平区新宇村派驻了“金融副村长”，主要职责包括承担投资者教育、金融知识宣传和村民金融需求采集，强化金融机构与乡村的连接，帮助各村落实扶持项目、争取惠农资金、办理金融产品、解决融资难题等。

案 例

广州“金融村官”赋能乡村振兴

在广州市地方金融监督管理局的指导下，浙商银行广州分行花都支行与广州市金融发展服务中心在花都区赤坭镇瑞岭村设立广州市乡村振兴金融服务站，指定专人担任“金融村官”，通过建设和依托乡村振兴金融服务站开展一系列乡村振兴专项服务工作。“金融村官”多次下村进社，通过不厌其烦地逐户走访，进行面对面的细致讲解，开展金融服务咨询、反假货币、防范电信诈骗、非法集资风险等宣传教育活动，做细做实金融惠民政策宣传工作，潜移默化地让村民了解有关政策，推动金融惠民政策落到实处，并帮助多名村民开立浙商银行个人账户，满足群众的金融需求。“金融村官”走近村民，普及基础金融知识、提示金融风险，引导村民学金融、懂金融、信金融、用金融，有效提升村民金融安全意识和风险防范能力。“金融村官”全面推进政府端的“百县千镇万村高质量发展工程”，赋能乡村振兴，构建更高水平的金融支持乡村振兴体系，推动完善农村金融产品服务创新，持续深化农村金融改革。

3. 以金融干部培训班助力提升政府队伍金融素养

党对金融工作的领导落实在党员干部队伍身上。中央提出“各级领导干部要增强金融思维和金融工作能力”，浙江省委也提出打造“三支队伍”，其中之一就是打造高素质干部队伍。因此，锻造高素质专业化的金融干部人才队伍成为区县金融生态建设和高质量发展的必修课。

在助力区县党委和政府干部队伍金融素养提升过程中，金服会将金融专业服务融入了地方党政干部培训班体系。针对区县层面缺乏懂金融、懂经济的干部，以及现有培训体系和课程要么太“高大上”、不接地气，要么太局限于具体金融产品的问题，金服会发挥“1 + N”优势，由金融顾问工作室组织银行、证券、律师事务所等机构的省级金融顾问，与政府部门一起研究讨论，精心设计课程，嵌入区县经济金融干部培训体系。例如，在临平综合金融服务示范区，按照简单易懂、工作实用的原则，创新性地以临平经济金融专业干部“阶梯成长”培训班为阵地，组织浙商银行、财通资本、金杜律师事务所等机构的金融顾问，围绕经济金融理论、形势政策、金融创新等设计了10门专项金融课程（见表4－1），并把培训对象拓展到事业单位和国有企业管理人员，对提升基层党政经济金融干部队伍素养、适应社会主义市场经济发展需求发挥了重要赋能作用。

表 4－1　干部队伍金融能力提升培训课程体系

序号	课程名称	内容摘要	主要授课老师
1	金融向善与服务实体经济	—	陆建强：金服会主席，浙商银行党委书记、董事长
2	金融市场现代金融工具及风险防控	—	骆峰：浙商银行党委委员、副行长、董事会秘书
3	金融机构的服务对象和服务方式	各类金融机构服务方式和对象	沈金方：省级金牌金融顾问
4	企业打造供应链生态圈的路径分析	（1）供应链金融核心要义及做法；（2）地方政府如何支持供应链金融发展打造本地生态圈	
5	企业债务融资政策和实务	（1）债券融资主体；（2）融资品种及路径；（3）各种债券融资方式的优劣势；（4）平台公司发债的最新做法和趋势	张克祥：浙商银行投资银行总部总经理，30 多年金融从业经历，曾任武汉分行行长
6	企业上市 IPO 实务	（1）企业上市条件及前期筹划；（2）企业上市各阶段分析及注意事项；（3）地方政府推动企业上市的经验介绍	周旭东：浙商证券股权服务团队主要负责人，省级金融顾问，中国最早一批保荐代表人
7	产业投资基金与区域经济发展	（1）产业基金设立背景和政策解读；（2）产业基金主要运作模式；（3）产业基金发展趋势	申建新：财通证券总经理助理、金服会原秘书长
8	普惠金融体系和实务分析	（1）普惠金融发展历程；（2）普惠金融主要做法和难点；（3）如何更好通过普惠金融支持区内中小微企业发展	叶海靖：浙商银行普惠金融业务总监，浙商银行小微金融商业模式主要设计与探索实践者
9	企业直接融资路径概述	（1）直接融资的主要方式；（2）企业发展中应用场景及具体案例	券商机构省级金融顾问主讲

续表

序号	课程名称	内容摘要	主要授课老师
10	实务工作中常用金融法律精讲	（1）金融法律体系和主要内容介绍；（2）实务工作中常用、易错的法律内容介绍	梁瑾：金杜律师事务所合伙人，省级金融顾问，浙江省优秀女律师，获“杭州市十大律师先锋之党员律师提名奖”

4. 金融赋能政府构建产业指引体系

产业发展是地方政府的重要工作，也是地方经济高质量发展的主要内容。在发展新质生产力的要求下，地方既要因地制宜发展新兴产业、未来产业，也要加快传统产业转型升级，因此促进产业发展的任务比较繁重。在这一过程中，金融机构可以发挥服务的行业产业多、覆盖面广的优势，为地方政府提供全局性的、行业性的专业研究和建议，助力区县优化产业布局。“小河有水大河满”，区县产业健康发展对于全国构建现代产业体系具有重要的实践意义。

一是金融助力地方绘制产业地图，优化产业布局。浙江县域经济发达，县域经济特征显著，可以说县域强则浙江强。基于浙江县域经济这一特点，为帮助区县厘清产业发展方向、打造产业发展优势，金服会发挥“1 + N”综合金融优势，牵头银行、证券等各类成员金融机构力量，形成“区县产业精准招商指引”报告，从“抓什么产业、如何抓产业、产业龙头在哪里、产业趋势是什么”多个方面帮助区县找到真正符合自身特色的产业发展赛道，赋能区县政府以产业链延链补链强链为重点优化产业布局，提升区县产业核心竞争力。

案 例

赋能区县高端医疗产业发展

以高端医疗产业为例，金服会发挥金融专业优势，为区县发展高端医疗产业提供了“融智”服务。

当前，老龄化下卫生健康需求激增，国产替代趋势明显，优质医疗资源扩容下沉和区域均衡布局推动行业快速成长，产业发展政策环境优良，新技术新产品催生新需求。因此，医疗器械产业市场前景广阔、产业空间巨大，是城市间产业竞争最激烈的战略制高点之一。金服会从医疗设备、医疗耗材以及体外诊断三个领域分析了临平区招商引资的目标企业群体。首先是医疗设备领域。医疗设备领域的招商目标是研发实力较强、拥有较高技术含量尤其是具备进口替代技术、具有较大出口规模的高端设备制造企业；具有销售渠道优势、入围主流医疗机构的医用医疗设备制造企业。目标企业群体包括产品入选《优秀国产医疗设备产品目录》《战略性新兴产业重点产品和服务指导目录》或产品通过美国 FDA 许可、欧盟 CE 认证的企业等。家用设备领域目标企业集医疗保健和消费升级于一体。目标企业群体包括具有品牌、渠道优势，性价比高的家用医疗设备制造企业；产品获得欧盟 CE 认证或者美国 FDA 许可、具有稳定出口渠道的企业。其次是医疗耗材领域。高值耗材目标企业主要是研发实力较强、拥有一定技术含量尤其是具备进口替代技术、产品在国内外市场具有一定竞争力的生产商。低值耗材企业主要是细分市场龙头或专注某一细分领域、产品市场占有率高的低值耗材生产商。最后是体外诊断领域。目标企业一般包括资产负债率低、刚性负债规模小或专注主业、经营稳定的上市公司等。基于以上分析，金服会向地方政府提出产业发展和招商引资建议：精准对接特色园区，学习借鉴张江医疗器械产业园等成熟运营经验并对园区内企业开展针对性宣讲。结合临平现有产业基础，打造体外诊断、医美产品、高端医疗设备器械和耗材等专业化产业园区，形成优势产业集聚效应。精准对接特定企业，结合临平医疗产业企业现状，从产业集群培育和强链补链作用发挥等维度，有针对性地开展特定企业的精准招商。同时，借力金融机构招商，鼓励金融机构帮忙“引流”招商。

案　例

为区县产业发展提供“融智（顾问）＋融资（发债）”服务

武汉市江夏区政府拟建设一个产业园区，用于引进一批具有经济带动作用的产业龙头企业和配套生产性服务企业，就地块选址、产业园定位和资金来源向金融顾问团队进行咨询。金融顾问团队在了解区政府需求后，从经济发展和金融服务方面提供专业化服务建议，最终确定建设江夏智能制造产业基地，打造以人工智能为主的战略性新兴产业集聚区，并在发债的各个阶段提供一系列的服务支持。专项债项目启动阶段：金融顾问团队联合会计师事务所、律师事务所和咨询公司积极出谋划策，筛选专项债入库项目；推荐外部专家对拟入库项目开展专项债项目可行性研究，协助完成《专项债实施方案》初稿和事前绩效评估等工作。专项债项目入库阶段：金融顾问团队协助整理项目立项文件、可行性研究报告、事前绩效评估和专项债实施方案等必备文件；共同推进专项债项目在省市发展改革委、省市财政厅（局）和区发改局、区财政局、区科经局等部门的全流程跟踪和咨询服务。专项债项目发行和落地阶段：金融顾问团队积极推介和协助客户编制专项债项目“一案两书”工作，为客户开立专项债监管专户并签订相关协议，浙商银行后续将继续提供优质的资金管理和账务管理服务，确保资金使用的合规合法。

二是打造《金融助力招商引资服务手册》。在区域资源禀赋约束下，区县政府招商引资一般具有明确的目标指向性，而并非来者不拒。在这一过程中，金融对产业的熟悉优势能够体现出来，并赋能地方政府招商引资。例如，在临平，针对政府招商引资产业项目前期可行性考量，金服会编撰《金融助力招商引资服务手册》，为招商引资企业提供全生命周期的服务方案，尤其针对规模达亿元以上且区县层面看不清、看不透的招商项目，其牵头研究并出具会计师、律师、投行、商业银行等各方面的专业意见，既帮助区县政府参谋，也精准帮助企业获得金融支持，优化区内营商环境。

案 例

赋能区县招商引资

金服会在服务区县政府过程中，形成了《金融助力招商引资服务手册》，旨在为区县新引入企业提供便捷金融服务，帮助企业更好地成长发展。金服会依据招商引资企业在引入时所处的不同阶段，分类提供金融服务方案建议，精准助力企业获得金融支持，践行金融向善，优化区内营商环境。首先是企业招引期。这一时期企业往往缺乏启动资金、经营数据、抵押担保资产，较难进行传统银行融资，更需要股权投资支持及引入产业基金扶持。此外，重大项目落地需要大量资金支持，境外优质资本落地更是需要保姆式金融服务。因此，需要的金融服务包括产业基金扶持、投贷联动服务、认股选择权服务、重大项目支持和跨境资本项目贯穿式全链条服务等。其次是入驻创业期。此时企业处于发展起始阶段，这一阶段企业往往是轻资产经营，会计报表尚未完善，企业处于投入研发期。从金融角度出发，更需要信用类金融服务支持，当企业初步发展后，需要借助金融力量进行生产设备采购或盘活已购买的厂房资产。因此，需要的金融服务包括信用类贷款服务、厂房金融服务、设备采购服务等。再次是快速成长期。企业已经历创业初期，具备一定生产规模、盈利能力，这一时期的企业需要盘活各类资产，进行扩大经营，并逐步改善企业股权结构，接触中介机构（券商、律所）进行上市准备。因此，需要的金融服务包括流动性支持服务、金融顾问服务、中介机构服务等。最后是成熟发展期。这一时期，企业已具备一定直融能力，占有一定市场份额，更多地需求资本市场服务、财富管理服务及企业员工精细化服务。

服务县域防范化解系统性金融风险

管理风险是金融的核心功能，中央明确提出“坚持把防控风险作为金融工作的永恒主题”“健全具有硬约束的金融风险早期纠正机制，对风险早识别、早预警、早暴露、早处置”。在我国，金融的事权不在地方，而地方又承担着防范化解金融风险的主体责任。尤其是在当前经济下行压力下，诸多地方财政金融风险压力较大，而往往地方的金融专业力量不足，因此，金融发挥社会价值、服务地方防控风险就显得尤为重要，意义重大。基于此，金服会立足于当好地方政府的“金融子弟兵”，以金融的专业性赋能区县政府加强对金融风险的防控，助力提升政府金融治理水平，维护地方经济金融和社会稳定。

1. 构建区县金融运行质量指标体系

“工欲善其事，必先利其器。”防控金融风险的前提条件是打造测度风险的工具。在县域内，经济金融主体包括政府部门、金融部门、企业部门和居民部门等，防控风险主要围绕这些主体展开。基于此，金服会创新设计了测度金融风险的区县金融运行质量指标体系，涵盖政府部门、城投公司、非金融企业部门、居民部门、金融部门共5个部门，涉及政府债务情况、财政收入质量、城投公司资产负债状况、城投公司股权投资效率等14项一级指标、23项二级指标，既着眼于高质量发展全面客观穿透区县金融运行质量，又着眼于风险防范及时准确监测和识别区域经济中的潜在金融风险（见表4-2）。该体系还可以帮助地方政府合理配置金融资源，引导区域金融生态健康发展。

表 4－2　区县金融运行质量指标体系

经济部门	一级指标	二级指标	预警值或预警情形
政府部门	政府债务情况	1. 政府负债率	>60%
		2. 政府债务率	红色（债务率≥300%）
			橙色（200%≤债务率<300%）
			黄色（120%≤债务率<200%）
			绿色（债务率<120%）
	财政收入质量	3. 税收占比	<85%且持续下降
		4. 土地出让收入占比	>40%
城投公司	资产负债状况	5. 资产负债率	>70%
	有息债务规模	6. 有息债务余额	持续上升
	债务融资成本	7. 加权融资利率	持续上升
	融资渠道结构	8. 银行渠道占比	<50%
		9. 债券融资占比	>40%
		10. 非标融资占比	<10%
	融资期限结构	11. 剩余融资久期	<2 年
		12. 短期债务占比	>60%
	股权投资效率	13. 产业投资保值率	<100%
非金融企业部门	经济与产业结构	14. 单一行业集中度	>30%（关注产业景气度）
		15. 外贸依存度	>50%（关注）
	房地产市场	16. 商品房去化周期	>18 个月
		17. 房价最大跌幅	>30%
	规上工业企业/上市公司	18. 企业亏损面	持续上升
		19. 经营异常的大型企业情况	同时满足以下条件： （1）总负债>30 亿元； （2）资产负债率>70%； （3）亏损
居民部门	居民收支	20. 人均可支配收入增长率	< CPI（2023 年全年增速为 0.2%）
		21. 按揭收入比	>40%
	人口增长	22. 人口增长率	<0
金融部门	银行机构	23. 不良率	持续上升且高于省市平均

2. 编制区县金融运行质量体检报告

区县金融运行质量指标体系为测度风险提供了基础。针对区县政府对金融风险“有什么、有多大”往往不够清晰的问题，金服会和区县政府合力编制浙江省首份区县级金融运行质量体检报告，分政府部门、城投公司、金融机构、企业部门、居民部门共5个维度，按照基础指标、重点指标、关注指标、异动指标进行穿透性分类分析并建立体检档案，让区县对风险状况做到心中有数。

基于区域金融运行质量指标体系，由政府主导、金服会配合，对政府部门和城投公司、非金融企业部门、金融部门等进行了全面“体检”。总体体检结论如下：从政府部门和城投公司来看，区域经济发展质量较高，财税创收能力较强，狭义政府负债率和债务率均控制在优秀范围内。从非金融企业部门来看，区域产业结构分布相对合理，未出现产业结构单一且支柱产业不景气问题；区域经济对国际国内两个市场利用相对均衡；房地产市场商品房供需结构相对合理，新房销售状况改善；小微企业活跃度较高。从居民部门来看，居民收入呈增长趋势，整体债务负担相对合理。从金融部门来看，辖内银行机构存贷款余额整体呈增长趋势，区内银行整体不良贷款率低于全省水平。法人银行机构和非银金融机构核心经营指标与重要监管指标整体表现正常。

3. 形成区县金融风险防控指南

金融运行质量体检报告对区县金融“健康”情况开展了针对性“问诊把脉”，但真正解决问题还需要“开方抓药”。围绕区县对金融运行质量和金融风险需要摸底，以及对金融风险防控“抓什么、怎么抓”需要赋能的问题，依托金融运行质量体检报告可以形成区县金融风险防控指南，涵盖政府财政、城投公司、非金融企业、居民部门和金融机构5个部门的金融风险防控重点，提示诸如政府平台融资结构、上市公司跨业跨区无序扩张等重要防控点，为防范化解地方金融风险提出具体应对措施，形成有效的区域金融风险防控机制，让区县对风险防控做到有的放矢。

案 例

为区县编制金融风险防控指南

按照“县域试点、全省管用”思路，以易知、易查、易用为要求，以区县金融运行质量体检报告为基础，形成了“区县金融风险防控指南”，为区县政府金融风险防控指明方向。其一，在政府财政金融风险防控方面，将政府债务风险分为红色（债务率≥300%）、橙色（200%≤债务率＜300%）、黄色（120%≤债务率＜200%）、绿色（债务率＜120%）四类，并依此提出加强财政预算跨年度平衡，科学安排赤字及债务规模，预留应对风险变化的政策空间；合理规划短中期土地出让指标，避免短中期内土地出让收入大幅波动导致政府债务率大幅波动；构建债务管理长效机制，健全完善前瞻性风险预警。其二，在城投公司金融风险防控方面，城投公司最大的风险为再融资风险，而在偿债能力上又主要依赖地方政府支持。城投公司的投资运作效率则是评判城投公司债务化解能力及转型升级表现的重要指标之一，并提出应重点防控城投公司债务再融资流动性风险和产业投资风险，定期评估城投公司有效资产价值与有息债务规模的缺口；加强对产业投资项目投前、投中及投后评估。其三，在非金融企业部门金融风险防控方面，提出制定符合自身经济发展阶段和资源禀赋的产业引导政策，防范产业结构单一或支柱产业景气度下滑引发区域经济金融不稳定；加强房地产市场金融风险监测与防控，维护区域房地产市场平稳发展；加大区域对外来人口的吸引力度；加强规模以上企业和上市公司金融风险监测与防控，防范大型企业重大金融风险影响区域金融稳定。其四，在居民部门金融风险防控方面，提出重点防控居民债务杠杆和投资风险，特别是居民非正规渠道投资风险和集资诈骗风险；构建多层次的居民部门债务风险监测预警体系；构建数据共享、跨部门协同的联防机制；发挥普惠金融政策的引导和激励作用。其五，在金融部门金融风险防控方面，应重点防控金融机构存贷比（或杠杆率）、资产质量以及民间担保和民间借贷风险，特别是民间互联互保担保圈风险。重点关注法人银行核心监管指标运行情况及监管评级、公司治理、内控和风险管理体系；加强对类金融机构的杠杆率、放贷资金来源和表外业务的监测与风险排查；通过辖内的行业协会、商会和工业园区管委会等组织摸排和梳理民间互联互保担保链条。

4. 以多元金融工具助力地方平台健康运营

区县国有投融资平台是各地开展投资建设活动的重要载体，对区域经济发展具有重要的支撑作用。当前，区县国有投融资平台存在急需金融工具但又对其不熟悉的问题，特别是既要发展又要控债的要求比较紧迫。在这种情况下，打造政府投融资专业化咨询服务模式具有重要的现实意义。按照问题导向，搭建了区县政府平台金融工具应用指引体系，助力区县级政府融资平台化解存量债务，助推政府融资平台市场化转型。例如，在临平，金融顾问工作室、金融顾问与临平区政府建立了对接交流机制，在政府平台信用整合、提升信用评级、拓展融资渠道等方面提供咨询建议，助力地方政府融资平台稳健发展。

案 例

赋能形成“区县政府平台金融工具应用指引”

在“区县政府平台金融工具应用指引”中，分析了政府平台转型的背景和模式。2023年以来，新一轮债务摸排和化解加速。特别是2023年9月，《关于金融支持融资平台债务风险化解的指导意见》（国办发〔2023〕35号文）印发，其将地方国企分为三类：地方政府融资平台、参照地方政府平台管理的国有企业（针对新设平台）和普通国有企业。其中，政府融资平台有三种转型模式：一是转型成为商业产业类国企，主要路径是转化为产控平台，适合省市级和经济较为发达的区县级平台。二是转型成为市政建设类国企，从城市具体项目建设中寻求现金流自平衡。三是转型成为市政经营类国企，重心是城市运营与管理业务。基于此，对政府融资平台转型提出三点建议：一是梳理整合区域内平台资产、负债和职能。实现各类资产有效整合、各类债务合理归置和各类职能科学合并。二是持续推进融资平台实现市场化转型。政府融资平台转型成功的标志可以用“335”来判定，即非经营性资产（城建类资产）占总资产比重不超过30%、非经营性收入（城建类收入）占总收入比重不超过30%，以及财政补贴占净利润比重不超过50%，使融资平台脱离政府的影子。三是综合运用各类金融工具。充分发挥各类金融工具特点，建立金融机构生态圈，保持增量融资持续稳定，在推动自身市场化转型的过程中助力地方经济社会发展。

5. 建立“企业风险早知道”工作机制

从政府治理视角来看，既要促进区域经济发展，又要防范企业经营风险带来的经济社会问题，营造良好的营商环境。因此，依托金融的赋能作用，全面掌握区域内企业发展中的实际情况和潜在风险，并从宏观和微观多个层面进行前置处理是非常必要的。正是基于此，金融在赋能政府对企业风险防范过程中的社会价值可以得到进一步充分体现。区域内的企业大多是各家金融机构服务的对象和客户，金融机构对企业（除地方国有企业外）的发展状况往往比政府更为了解和熟悉。在具体操作层面，可以立足金融工作的前瞻性，延伸服务企业的触角，依托金融机构日常数据，聚焦大企业外溢性风险传播、涉众型中小微企业资金安全和成长型企业壮大的融资需求，建立“企业风险早知道”工作机制，通过“风险提前预警 + 服务超前跟进”，提升金融服务保障实体经济的质效。

案 例

构建企业风险预警模型

金服会根据银行对企业授信、券商对产业企业的研究，结合政府部门掌握的企业税收等财务相关数据，建立了不同类型的“企业风险早知道”工作机制，并确立了诊断方法体系。该诊断方法体系主要针对能够提供财务报表给政府部门的规模以上工业法人单位、规模以上工业个体经营户和规模以上服务业法人单位。

上述企业若触发其中任何一条规则，即视作风险预警信号。触发预警信号越多，风险相对越大。具体如下：一是基于企业财务因素的风险诊断。以工业企业为例，工业企业的静态监测指标包括资产负债率过高、债务周转压力大、应收账款过度挤占企业资金、存货大量积压挤占企业资金、企业盈利水平过低、资产流动性较弱，工业企业的动态监测指标包括资产负债率短期大幅增长、盈利能力短期大幅下滑、银行贷款短期大幅增加、用工人数大幅减少。二是基于企业非财务因素的风险诊断。包括：①各类外部预警信息，如银行黑名单企业，失信被执行人，征信报告存在逾期、欠息、不良等信息，被上海票据交易所列入商票持续逾期名单，企业账户涉及司法冻结、扣划，股权被查封，受到环保、税务等政府部门严重处罚，涉及群体性事件，其他严重负面舆情等；②企业司法诉讼信息，如涉及借款合同纠纷、股权纠纷的案件，新增诉讼案件数量异常；③其他需关注的信息，如一年内工商变更频繁，特别是董监高变动情况等。

助力政务服务增值化改革

1. 探索将金融专业服务接入政府服务窗口新路径

近年来，国务院出台《关于进一步优化政务服务提升行政效能推动“高效办成一件事”的指导意见》，推动政务服务提质增效。浙江也创新实施政务服务增值化改革，将其作为营商环境优化和政务服务迭代升级的重要抓手，要求各地依托政务服务中心打造企业综合服务中心和企业综合服务平台，对标世界银行营商环境成熟度评估体系“一类事”服务场景谋划落地，构建形成全链条、全天候、全过程的为企服务新生态，围绕企业全生命周期、产业全链条，涉企服务事项全面集成进驻企业综合服务中心和企业综合服务平台，切实助力民营经济高质量发展。这对金融发挥社会价值提出了新的课题。

金融如何服务政府效能提升？作为对这一命题的解答，一种可行的路径就是将金融服务切入政府综合服务中心或平台。在杭州市聚焦“政务需求”场景，构建政金企深度对接平台，进一步满足企业、群众多元化服务需求，探索建立了省级或市级金融顾问进驻政府政务服务大厅的模式，在政务服务大厅建立金融服务专窗，为“高效办成一件事”提供增值赋能。

案 例

在政府行政服务中心设立“金融顾问专窗”

在杭州市上城区行政服务中心开设“金融顾问专窗”，组织金融顾问每周固定时间提供公益咨询，为辖区企业提供企业开办、投融资、担保、上市及套期保值等一站式专业服务；在萧山区企业服务中心每周二、周四安排金融顾问工作轮值，为有需要的企业提供一对一服务，帮助协调金融资源，满足融资融智需求，同时，依托专窗金融顾问力量，现场开展专题培训、沙龙等活动，指导企业健全风控体系和合理投融规划，为企业健康发展保驾护航；在滨江区科技金融服务中心组织银企对接、项目路演、专题培训等活动，全年组织辖内业务培训 47 场，协调满足企业各类融资需求合计 28.2 亿元。

2. 探索服管融合的新型金融服务形态

“放管服”改革是全面深化改革的重要内容，也是加快政府职能转变、优化发展环境、最大限度激发市场活力的重要举措。浙江是以民营经济为主的经济体，服管融合对于增强民营经济活力意义重大。

案 例

赋能政府服务好个体工商户

浙江有683万户个体工商户，他们在稳增长、稳就业、惠民生等方面发挥着不可替代的作用，但也存在经营规模小、稳定性和抗风险能力弱的情况。2024年4月，浙江启动金融助力个体劳动者能力提升行动，推进服管融合，以金融赋能推动实体经济高质量发展。浙商银行与浙江省市场监督管理局签署全面深化战略合作协议，共同打造"市场监管+金融"的服务模式，重点服务好个体劳动者群体。主要做法包括以下两个方面：

一是通过"信息共享+精准滴灌"为个体劳动者赋能。浙江省市场监督管理局在保证信息安全、符合公共数据共享和使用规定的前提下，向金融机构共享经营主体相关信息、个体工商户分型分类名单等。金融机构针对需要重点支持的经营主体，出台特色金融服务产品，提升服务的精准度与便利度。

二是通过"五个一"的"政务+金融"方式为个体劳动者赋能。"五个一"指建设一批金融顾问工作室、搭建一批技能培训基地、组建一支创业导师队伍、建设一批个体劳动者服务驿站和整合提供一揽子综合金融服务。截至2024年8月，在浙江省已建立了35家个体劳动者协会金融顾问工作室，组建了一支136人的创业导师队伍。

3. 以数智赋能县域破解产业集群融资难题

数字化为金融更好服务实体经济提供了技术支撑，也为金融赋能政府对经济社会的管理提供了辅助。在数字化时代，政府通过主导打造专注服务于小微企业的数智平台，可以实现大数据风控，提升小微企业的金融服务获得感、满足感，实现小微企业综合成本迭代下降；通过打造专注服务于产业集群的数智平台，可以实现数据要素的市场化，提升对产业集群金融服务质效。

一是链接政府数字化平台。打造“数智服务”场景，扩大“普惠性”金融服务供给是破解区县产业集群发展难题的重要方式。在临平综合金融服务示范区，一方面，按照数字经济创新提质“一号发展工程”思路，打造了数字化的“金服宝·小微”平台，为小微企业提供综合金融服务，推动产业集群小微企业的成本迭代下降；另一方面，持续把金融服务嵌入各类数字化场景，让企业通过“政采云”“智慧医保”“浙里办”等数字化平台就可以获得综合金融服务，如“浙里办—凤凰丹穴”平台接入券商、会所、律所等专业机构金融顾问200余名，助力企业高效获取资本市场领域专业问诊服务。

二是打造“产业大脑”。近年来，政府推进以产业大脑为核心架构的数字经济系统建设，成为数据要素价值化的重要实践。产业大脑以数据要素流通应用为核心，旨在充分释放工业大数据的价值潜力，通过数据要素的流通和应用，推动数字经济高质量发展，加速创新发展进程，为创新产业高效发展提供数字化解决方案。浙商银行场景化切入细分产业大脑，结合自身区块链、大数据等技术优势，推动“产业大脑数智融资服务”。

从服务方案来看，通过产业大脑高效连接产业集群企业，充分挖掘产业数据资源价值，对产业集群企业经营进行动态精准评判，通过线上线下相结合的方式，为产业集群企业提供融资服务组合。产业大脑数智融资按照服务维度分为数智转型融资、数智经营融资、数智供应链融资和数智特色融资四类模式。数智转型融资是根据产业集群企业在产业大脑数字化转型方面的融资需求，按照数字化改造整体投入的一定比例为企业提供的融资服务。数智经营融资是结合产业大脑及自身收集的多样化信息数据，对企业经营情况进行综合风险评判，为已接入产业大脑的企业提供满足其日常生产经营需求的融资服务。数智供应链融资是与产业大脑对应产业的链主型企业对接合作，以链主型企业上下游真实贸易背景为基础，结合产业大脑或外部数据服务机构获取的企业采销、经营、税务及发票等数据，综合应用数字化供应链融资产品，为链主型企业上下游客群提供融资服务。数智特色融资是根据产业集群企业需求，基于产业大脑数据提供池化融资、国际贸易融资、人才银行等数智特色融资服务。

第五章

县域综合金融生态建设实践
——服务企业

企业是市场经济的主体，是营商环境建设的重要力量，也是引领经济发展和技术创新的重要力量。金融服务经济社会高质量发展的重要着力点就是服务好大中型企业、小微企业等市场主体，以高质量综合金融服务助力企业高质量发展，为经济发展积蓄基本力量。县域是企业的集聚地，是企业金融服务需求反映最直接、最全面的区域，也是金融服务市场主体最接地气、打通服务企业最后一公里的重要阵地。县域综合金融生态建设聚焦企业金融服务堵点，构筑多维金融服务体系，在服务块状经济、服务科技创新、发展普惠金融等方面取得了良好成效。

服务浙江块状经济，打造县域“金融生态优质区”

浙江是我国经济大省，块状经济是浙江工业经济的显著优势和重要特征。“八八战略”提出“进一步发挥浙江的块状特色产业优势，加快先进制造业基地建设，走新型工业化道路”。块状经济是浙江工业强县的主体形态，诸多县（区）将块状特色产业集聚优势作为立县之基、强县之本，通过发挥体制机制优势、区位优势和环境优势，打造富有区域特色和竞争力的现代化产业集群，成为县域经济高质量发展的主导力量和增长极。例如，临平区深入推进新型工业化，集中力量构建以“3+2+X”先进制造业集群为主体的现代化产业体系。除临平外，其他区县块状经济特色也较为明显，如杭州、绍兴、嘉兴以纺织服装类为主，宁波以家居产品和化工产品为主等。在县域综合金融生态建设过程中，围绕供应链金融、园区金融和浙江传统特色产业发展，初步探索出金融服务浙江块状经济的新路径。

1. 以供应链金融模式服务县域经济特色发展

（1）发展数字供应链金融模式

数字供应链金融服务是响应中央做好数字金融、普惠金融大文章要求的重要举措。从企业角度来看，能够获得便捷的信贷资金快速响应订单，提升经营周转，增加收入；从产业集群发展角度来看，能够强化供需对接、产销衔接，促进产业链的优化与稳定；从区县经济发展角度来看，强韧的产业链能够把特色优势产业集群培育发展成为县域经济支柱，为高质量建设制造强区提供有力的金融支持。

一是激活企业数字资产，提供纯信用贷款。聚焦制造业企业原材料采购、电费缴纳等场景，运用企业经营过程中积累的发票、税务、征信、交费凭证等数字资产，创新供应链授信模式，无须抵押担保，为产业集群中小微企业提供凭发票就能贷的纯信用贷款。

案 例

发展数字供应链金融，赋能县域产业集群高质量发展

产业集群是指某一产业领域相关联企业及其支撑体系在一定地域内发展，并形成具有持续竞争优势的经济群体。产业集群是中小企业发展的重要组织形式和载体，是县域经济增长的能量器。发展产业集群有利于优化县域经济结构，为县域贡献大量产值、税收和就业。

浙商银行数字供应链金融以便捷信贷资金助力企业快速响应新订单，提升企业经营周转，增加企业收入。产业集群的中小微企业发展好，就能够提升县域 GDP，增加税收收入、就业岗位和居民收入。以

嘉兴海宁经编产业集群为例，该集群经编企业在厂房、设备、原材料上投入资金较多，同时用能（电费、蒸汽费）较高，仅一台加弹机年用电量约100万千瓦时（年产值约1000万元）。浙商银行创新“缴费白条+场景证服务”方式，截至2024年5月末，首批服务企业13家，授信额度5300万元，投放金额超1400万元，融资成本最低为3.0%。

二是提供“脱核”融资服务，进一步降低融资成本，提高融资效率。数字供应链金融模式既摆脱了对核心企业的过度依赖，也防范了核心企业出险导致的系统性金融风险。无须核心企业提供强增信措施，通过各类渠道获取客户多维度信用数据并运用建模方式综合评判企业信用状况，最快1分钟核额、1分钟提款，为中小微企业提供全线上、随借随还的低成本融资，企业实际融资成本最低降至3.0%。

案 例

“脱核不离核”，打造县域普惠新典范

浙商银行济南分行积极推动“脱核不离核”的供应链金融新模式，聚焦滨州铝产业集群，灵活运用数据链融资，打造出县域普惠金融的新典范。截至2024年8月底，滨州铝产业集群数据链融资项目已批复额度客户14户、授信金额3338万元，用信客户9户、业务余额2456万元，单个产业集群数据链融资余额排名全行第1。

三是联动原材料批发商、供能企业，扩大服务覆盖面。通过对县域特色产业集群的研究，了解中小微企业共性的原材料采购品种和供应商，采购、销售过程中的账期安排，生产过程中的用电、用气量等，以产业集群

的原材料批发商、供能企业为触点，定制服务方案，让更多中小微企业享受到数字供应链金融服务的便利。

案 例

以数据链金融服务中小企业发展

县域产业集群的中小企业在产业链分工中处于弱势地位，往往销售账期长（3～6个月）、采购账期短（0～1个月），日常经营周转需要银行信贷资金支持。但是大量的中小企业缺少抵押物，或者办理抵押贷后仍然有资金缺口，面临融资难、融资贵的问题，急需纯信用贷款。银行通过传统方式办理中小企业信用贷款，面临信息不对称、人工尽调成本高、审批环节复杂、信贷不良率高等问题。

温州乐清电气产业集群实力雄厚，获评国家25个先进制造业集群之一，也是全国唯一以县域为主导命名的集群。该集群电气制造中小企业原材料以铜材为主，采购账期短但销售回款周期长，融资需求旺盛但抵押物缺乏。浙商银行牵头以数据链金融模式支持乐清电气产业集群发展。在具体服务中，按照电气产业集群特点，精心设计集群方案：总分支三级联动，在前期调研的基础上，结合数据链融资产品特色，形成风险可控、流程便捷、投放品种丰富的数据链融资方案。根据产业链企业纳税开票等多维信用数据并运用建模等方式综合评判企业信用状况，由系统自动为企业核定授信额度，并根据企业真实需求，将贷款资金受托支付给特定原材料供应商，从而为产业链企业发展提供了必要的金融服务支持。

(2) 发挥国有供应链公司增信作用，串联供应链上下游

针对政府主导的产业园区集群，给予国有供应链公司授信额度，将信用传递到产业链上下游，帮助园区中小企业生产制造。区县国有供应链公司积极助力产业园区内中小企业发展，通过“集采+账期+供应链金融”特色模式，发挥国企平台增信作用，为园区内中小企业提供便捷流动资金支持。

案 例

依托国有供应链公司，助力徐州县域经济集群升级

在江苏徐州，县域产业集群作为经济发展的关键引擎，面临着中小微企业融资难、融资贵的普遍问题。这些企业通常处于产业链中较弱的位置，遭遇销售账期长、采购账期短的困境，影响了日常运营和市场响应速度。尽管普惠金融政策普及，但抵押物缺失和融资成本高仍是难以跨越的门槛，企业急需无须抵押的纯信用贷款。浙商银行徐州分行深刻理解这一痛点，依托数字金融的创新优势，设计了一套符合县域特色的供应链金融解决方案。该供应链金融服务模式是在金融服务过程中，以问题为导向，围绕政府、企业诉求而形成的。其中，地方政府的诉求是推动国企平台实体化转型，提升自身造血功能；企业的诉求是快速有效满足生产经营过程中的资金需求。浙商银行整合多方需求，用好政府项目资源和信用背书，充分引入政府信用；用好企业商业资源，重点是交易流转场景；用好自身供应链业务平台，借助核心企业信用传导，通过线上化款链产品批量服务上下游企业。具体来看，该供应链金融模式以当地政府控股的国有企业作为授信主体，利用低耗用款链产品投放资金，由授信主体为园区企业集中采购

原材料，生产成品销售后的回款由授信银行归集和监管，从而在防范风险的同时，有效满足了政府和企业的金融需求。

该模式在徐州地区的实践取得了显著成效。2023年以来，通过供应链场景金融服务，深化善本金融理论和实践创新，先后在睢宁、新沂、邳州、铜山、贾汪成功落地了6个国企园区供应链项目，有效满足了政银企三方最终诉求，得到了各相关方的一致认可。以新沂区域的江苏盛新供应链项目为例，自2023年8月实施以来，不仅园区税收较上年同期增加5000万元，江苏盛新供应链服务有限公司也实现了300余万元的经营收入，标志着其在国企平台改革中迈出了成功的一步。供应链金融的介入，促使企业必须开具发票以获取融资，有效防止了税源流失，同时企业产能的提升带动了园区的税收增长和企业自身盈利能力的增强。

（3）综合运用供应链全产品，降低产业集群中小微企业融资成本

县域综合金融生态建设金融顾问工作室积极研究当地产业集群的融资需求，形成服务地图，通过国内证等低耗产品服务企业高效融资，企业实际融资成本最低降至3.0%。以嘉兴海宁经编产业集群为例，该集群企业在厂房、设备、原材料上投入资金较多，同时用能（电费、蒸汽费）较高，仅一台加弹机年用电量约100千瓦时（年产值约1000万元）。企业融资之前主要提用流动资金贷款，成本较高，县域综合金融生态建设金融顾问工作室创新应用场景证服务方式，服务经编企业开立国内信用证定向支付给供能国家电网、热电厂等，实现低成本融资。

2. 将园区金融作为场景金融服务的重要载体

在区域经济发展中，园区的重要性不言而喻。园区是地方产融生态圈

的重要平台，也是产业集群布局、产业链上下游聚合、产融生态圈构建的平台。园区还是金融机构深化与政府、产业、企业关系的重要渠道，是政府助企惠企资源和政策的集中地与优质企业培育基地。在县域综合金融生态建设中，发挥金融顾问制度对园区的核心支撑作用，依托“1 + N”机制，连接 N 种渠道、串联 N 个产业链，为园区各阶段、各环节、多主体提供全场景、全周期、综合化、专业化、数字化的一揽子金融服务，从“有什么，给什么”到“要什么，给什么”，促进了县域金融生态的不断提升。

（1）针对园区方，为园区发展各阶段提供全周期金融服务

在园区建设阶段，为园区业主方的基础设施、厂房建设资金需求提供项目前期贷、园区开发贷、专项债、境外发债等服务。在园区招商阶段，为园区业主方、园区运营方的招商引资引入产业链企业等需求，提供融智、引企、赋能的综合金融服务，紧密政府关系，形成政银助企共同体。在运营管理阶段，满足园区业主方盘活固定资产、园区升级改造融资需求，以及园区运营方园区管理系统、物业管理等需求，深入推进金融顾问服务，协同举办政策解读、行业论坛、慈善信托活动，建设智慧园区平台等。例如，浙商银行智慧园区平台根据园区运营场景，融智能化运营系统与园区智能化运营管理、政策服务、金融服务、企业综合服务为一体，为园区运营管理提供并实现招商和入驻企业信息管理、线上化合同管理、财务管理，以及楼宇、门禁、水电、车辆管理等。同时，可协助园区为企业画像，做到对园区内的企业风险早知道、企业需求早满足。

（2）针对园区企业，提供全场景综合金融服务

为园区企业发展提供综合化、专业化的金融服务，满足企业经营周转、贸易融资、资金结算、代发工资、物业及水电等费用代缴等多元需求，助力企业健康发展。从不同维度提供专业化金融产品和服务，在基础产品方面，如善融资产池、代发工资、电费证、法人购房贷款、标准厂房按揭贷等；在零售产品方面，如联名信用卡、消费贷、个人理财、私人银行服务等；在科创产品方面，如科创积分贷、科创共担贷、科创银投贷、认股选择权、人才银行、融资担保、股权撮合、上市服务等；在供应链产品方面，如供货通、应收通、订单通、分销通、信用证、数字信用凭证、水电气证等场景化融资服务；在小微产品方面，如房抵点易贷、开薪贷、数科贷、小微转型升级贷等；在跨境产品方面，如国际结算、跨境投融资、VIE 项目服务、FTU 业务、NRA 账户等。

（3）针对园区内员工，提供个性化、综合化的金融服务

满足园区员工金融理财等基本个人金融需求；开展员工金融反诈知识宣传教育等，实现园区金融意识整体提升。

案 例

以园区全场景综合金融服务赋能县域经济发展

以浙商银行为例，在成都，当地分行开展县（区）重点产业研究，形成“金融服务重点产业指引”，运用智慧园区管理系统等综合金融服务工具，协同分行金融顾问做好园区的金融服务，以数字化赋能产业园区管理及服务园区企业，延深综合金融服务的广度和深度，打造“园企浙里”园区综合金融服务品牌。针对园区员工的金融需求，建立投资者教育属地责任制，举办公益金融教育进园区活动，依托金融顾问工作室场地，设立综合金融服务站，推广用好面向社会的“财富管理 N 课”培训课程，以线上线下相结合的方式传播投资理财等知识。在衢州，当地分行围绕园区“招商难、管理难、服务难、融资难”四大堵点，按季度、分行业进行产业集群研究，形成行业跟踪报告。针对龙游县、常山县等县域的工业园区、产业园区、小微园区等园区管理方和园区内企业，积极提供覆盖园区建设、招商引资、运营管理、投融资服务等全周期、多主体的综合金融服务。在龙游县，为园区安装智慧园区平台管理系统，并新增金服宝园区系统“缴费合同退租”功能，持续以数字化赋能产业园区管理及服务园区企业。

3. 以专业特色服务传统产业转型升级

传统产业是实体经济的重要组成部分。浙江是传统产业大省，尤其是传统制造业在推动浙江经济跨越式发展中发挥了举足轻重的作用。2023年，浙江17个传统制造业规模以上工业增加值为13070亿元，占全省全行业规模以上工业增加值的58.4%。更值得一提的是，浙江传统产业的发展是中国经济运行的重要稳定器。以纺织服装业为例，浙江规模以上纺织服装企业营业收入达到1.13万亿元，占全国的24.5%。服务好包括传统产业在内的实体经济是金融的根本宗旨和主要任务。在浙江传统产业转型升级过程中，依托数字化，通过发挥金融的功能性，提供差异化、多维化的综合金融服务，也为做好金融“五篇大文章”提供了新的实践案例。

案 例

金融赋能龙泉特色产业发展

浙江龙泉青瓷是中国国家地理标志产品，也是我国乃至世界陶瓷史上烧制年代最长的青瓷名窑之一，承载着悠久的历史和深厚的文化底蕴。龙泉宝剑是中国古代十大名剑之一，也是浙江传统特色产业。近年来，随着时代变迁，这类传统特色产业发展面临诸多挑战。为助力龙泉青瓷、龙泉宝剑等传统特色产业发展并向新质生产力转型升级，金服会按照问题导向，提供了“融智＋融资”的综合服务方案。一是在融智方面提出坚持守正创新。龙泉青瓷与龙泉宝剑的制作技艺需要与时俱进，不断吸收新的设计理念和技术手段。龙泉青瓷、龙泉宝剑的制作需要精湛的技艺和严格的工艺流程，技术的提升对于产业的发展至关重要。此外，销售渠道的拓展也是推动产业发展的关键。在传统销售渠道的基础上，探索线上销售、跨境电商等新型销售模式。同时，加强与旅游、文化等领域的合作，开展特色文旅项目，进一步提升知名度和影响力。二是在融资方面强化金融赋能。金融系统通过提供资金支持、优化金融服务等方式，为龙泉青瓷与龙泉宝剑等特色文化产业的发展提供了有力保障。金融机构为产业内的优秀企业、工匠提供贷款、融资等金融服务，支持他们扩大生产规模、提高产品质量。利用金融系统的客户资源、积分兑换等渠道，推广特色文化产品，扩大市场份额。三是发挥政府作用。建议政府加大对龙泉青瓷与龙泉宝剑等特色文化产业的扶持力度，制定相关政策措施，为产业发展创造良好的环境。例如，通过实施税收优惠、资金支持等政策措施，鼓励企业加大研发投入、拓展销售渠道。同时，加大知识产权保护力度，为创新发展保驾护航。

服务科技创新，塑造县域发展新优势

科技创新能够催生新产业、新模式、新动能，是发展新质生产力的核心要素。科技创新的成功离不开金融的全方位支持，中央金融工作会议明确要求，坚持金融工作的政治性和人民性，并把科技金融放在“五篇大文章”的首要位置。金融必须牢固确立起功能第一性的定位，突破传统信贷文化的桎梏，创新服务理念，优化产品和风控体系，构建综合化的服务生态，探索出具有中国特色的商业银行服务科技金融的新范式，为全面实现高水平科技自立自强贡献金融力量。

1. 优化科技金融服务，助力科创型企业发展

做好科技金融是金融自身高质量发展的内在需要。在科技强国战略下，我国科技创新呈现蓬勃发展态势，科技型企业的数量、规模不断提升，对经济社会发展的贡献度不断增强。抓住服务科技型企业的契机，提升服务科技创新的能力，是银行增强市场竞争力、推动自身高质量发展的重要抓手。

相较于传统成熟的产业，科技创新是一个周期长、风险高、不确定性较大的过程，不同领域、不同阶段的科技型企业差异明显、需求迥异。为满足其多样化、差异化的金融需求，须突破对传统信贷的路径依赖，丰富科技金融服务手段。特别是围绕不同科技创新领域、不同科技创新阶段，以不同业务场景下的金融需求为着力点，针对性开展制度创新和流程创新，提高服务适配的精准性，为科技型企业提供全生命周期服务、全产业

链协同助力、全方位联动的全面赋能。

但从当前情况来看，传统金融服务理念和模式与科技型企业不完全匹配。一方面，有别于一般大中型企业经营“看得懂、有预期、能抵押”的特点，科技型企业专业化程度高、以轻资产运营为主、周期研发长，可抵质押资产相对较少。因此，从传统的金融风控逻辑来看，存在“看不懂、没预期、缺抵押”的情况，银行“不敢贷、不愿贷”现象比较普遍，大量科技型企业的金融服务需求难以得到有效满足。另一方面，传统金融往往对少数发展势头好、规模体量大、处于成熟期的科技型企业抢着服务，甚至过度服务，但对量大面广的小型、初创型科技企业服务能力不足，服务深度不够。

县域为科技金融服务提供了丰富场景。针对初创期科技型企业发展前景高度不确定的特点，通过聚焦“人力资本”这一核心资产，提高将人力资本转变为企业真金白银的能力，着力解决融资难的问题；针对成长期缺资源、缺渠道的难题，依托商业银行与产业链核心企业、行业龙头企业的合作关系，引入供应链金融帮助科技型企业寻找产业链订单，撮合产业链合作并降低融资成本；针对成熟期多元化的金融需求，提供流动性服务、境内外并购、VIE 跨境资本项目服务等一揽子综合服务方案，帮助其进一步做大做强。在这方面，浙商银行围绕科技型企业初创、引入创投、流动性管理、启动股改等十大金融服务场景，聚焦场景金融需求，针对性迭代推出科技金融 16 项系列产品，以全图景服务方案满足多样化金融需求，支撑企业创新能力提升。

案 例

以“人才银行”服务助力科技金融发展

人才强市、创新强市是浙江湖州的首要战略。作为湖州市政府授牌的第一家“人才银行”，浙商银行湖州分行授权颁发湖州市高层次人才服务绿卡，为科创型企业提供“专业化、全周期、全方位”的综合金融服务，满足企业从初创期、成长期到成熟期不同发展阶段的多元化金融需求。浙商银行针对人才企业客户，提供“人才支持贷”，为创业创新企业提供信用贷款支持，最高额度达1000万元。浙江某陶瓷新材料公司成立于2022年，公司主要经营生产陶瓷制品，生产光伏设备的核心部件。企业实控人毕业于材料科学与工程专业，被评选为“南太湖精英计划人才”。该企业创立之初在湖州“国千”园区购买厂房，分行为其办理了厂房按揭贷，金额为400多万元。因企业初期尚处在研发阶段，流动资金用于购买厂房后，企业账面用于购置设备的资金出现缺口，分行得知后第一时间对接，并给予人才贷300万元的贷款额度。之后企业逐渐走向正轨，经营扩大且销售突破新高，现有厂房无法满足企业的生产规模，故又在“国千”园区购置了新厂房，浙商银行进一步给予了700多万元的贷款支持。

2. 优化信贷金融服务，助力先进制造业发展

先进制造业是国与国之间竞争的制高点，是科技创新的主战场，也是构建现代产业体系的重要着力点。党的二十届三中全会强调“加快推进新型工业化，培育壮大先进制造业集群”。在浙江，“415X”先进制造业集群

培育工程是产业结构优化升级的重要内容。金融要坚持服务实体经济的宗旨，一个关键领域就是服务先进制造业。在县域综合金融生态建设中，围绕服务先进制造业开展了以“融资＋融智”为主的综合金融服务探索。

一是把先进制造业企业“引进来”，提供综合金融服务。例如在杭州，协助区县政府并发挥银行和社会资本的合力作用，联合优质投资机构引进芯睿半导体公司项目，并为其关联公司向杭州转移引荐战略投资、产业基金等综合服务，助力优化区域产业生态体系。

二是发挥金融融资功能，助力绿色先进制造业发展。通过金融服务助力传统产业转型升级为先进制造业。

案 例

金融赋能制造业转型升级

福斯达是制造业企业，也是一家上市公司。在对其提供金融服务过程中，一方面通过票据池融资为其提供授信支持，另一方面为其提供现金流管理，为其节约年度财务费用200多万元。再以印染产业为例，绍兴柯桥素有“中国最大染缸”之称。为支持印染产业转型，金服会牵头单位浙商银行在业内率先开办印染企业排污权抵押贷款，对当地印染企业加大信贷投入，支持转型发展，真正做到了雪中送炭。如今绍兴蓝印小镇的110家印染企业中有87家是国家高新技术企业，绍兴印染产业的发展真正实现了从“无序粗放”向“绿色集约”、从“传统制造”向“现代智造”的转变，走出了一条“腾笼换鸟、凤凰涅槃”的发展之路。

三是依托产业大脑为先进制造业高质量发展提供创新驱动。产业大脑是通过加工政府、企业、行业等数据，提炼生成工艺技术、运营管理、行业知识与模型等可重复使用的数字化基本单元，进而汇聚形成的知识中心。针对不同应用场景，运用数字技术和网络，对土地、劳动力、资本、技术等要素进行跨组织、跨区域融合，构建个性化解决方案，更好助力企业创新变革、产业生态优化、政府精准服务。为服务好浙江先进制造业发展，浙商银行牵头金服会组织公司金融、供应链金融、普惠金融等业务专家和法律、金融科技等专业领域专家，根据先进制造业产业大脑建设及运营需求，系统构建了以数智融资服务、智能支付清算和金融科技服务为核心的产业大脑数智金融服务模式，以模块化、定制化方式为产业大脑建设提供金融支持。

案 例

金融依托产业大脑服务实体经济

以电机产业大脑为例，电机产业大脑于2021年10月上线，以舜智云工业互联网平台为基础，打造了一系列跨行业、跨企业、跨领域子场景，已覆盖29个省份、20多个细分行业，服务3000家产业生态圈企业。浙商银行依托电机产业链核心企业卧龙集团的信用，将核心企业与上游中小供应商之间贸易所产生的应收账款，以电子债权凭证“舜智云证”的形式支付给供应商。供应商收到“舜智云证”后，在平台端直接向浙商银行发起在线融资申请。浙商银行通过系统对接方式为供应商提供融资支持，并充分运用区块链、大数据等数字技术，基于产业大脑对接的交易数据与贸易背景资料，实现了业务秒审批及资金秒到账。浙商银行凭借操作简便、融资高效的系统性优势，为供应商提供便捷快速的金融服务，充分满足供应商的融资需求，为核心企业稳链、固链提供了坚实保障。

发展普惠金融，提升县域金融服务均衡性保障性

普惠金融是金融“五篇大文章”之一，事关经济高质量发展。为小微企业提供优质普惠金融供给，是深化营商环境、优化提升“一号改革工程”的基本要求。当前，我国社会的主要矛盾是人民日益增长的美好生活需要和不平衡不充分的发展之间的矛盾，因此，必须坚持以人民为中心的发展思想。这一主要矛盾在金融领域的集中体现就是人民的金融服务需求与金融服务基础性保障性供给不足之间的矛盾，而依托数字化发展普惠金融，提升金融服务的均衡性和保障性，就是解决这一矛盾的关键所在，也是金融人民性的集中体现。

1. 搭建助力小微企业成本下降的“金服宝·小微”平台

按照数字经济创新提质“一号发展工程”思路，金服会打造了数字化的“金服宝·小微”平台，为小微企业提供综合金融服务。平台与政府政务服务数字业务平台连接共享，实现小微企业成本下降。在政府数字化平台提供公共数字服务的基础上，通过数字化金融服务，引进第三方服务公司，降低小微企业运营成本；通过发放线上信用贷款，降低小微企业融资门槛，降低融资成本；并以此为基础，探索小微企业数字化转型下的数字平台服务，实现小微企业全面数字化，运营成本进一步迭代下降。

案　例

以数字化“金服宝·小微”平台助力小微企业降低成本

“金服宝·小微”平台围绕小微企业服务生态，通过链式服务模式，打造面向政府、中小微企业/员工、企业服务商、金融机构等“科技+产业+生态”的一站式、伴随式综合服务体系（见图5-1），结合金融顾问制度，形成了“融智、融资、融服务”三大服务板块。

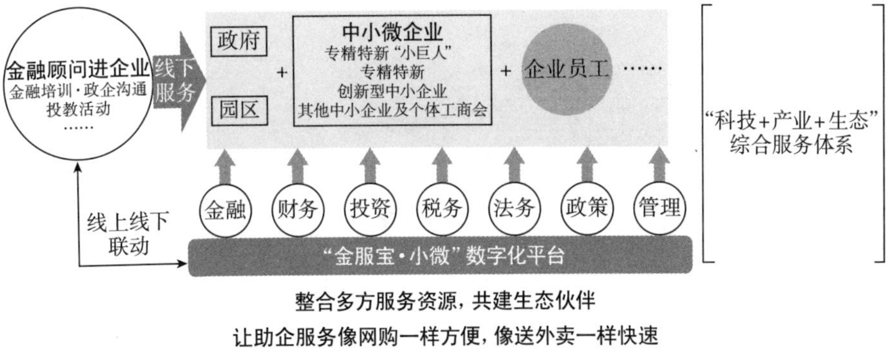

图5-1　“科技+产业+生态”综合服务体系

平台于2022年1月启动建设，2022年3月首次发布，形成了“融智、融资、融服务”三大应用体系，帮助小微企业走得对、走得快、走得好。“融智”板块为企业“问诊把脉”、答疑解惑。用户可通过平台一键直连金融顾问专家库，享受战略咨询、资金筹划、法务咨询、融资并购等全方位全流程一站式服务。“融资”板块帮助企业降低融资成本。构建企业经营画像，打破“数据壁垒”“信息孤岛”。通过浙江省金融综合服务平台、工商数据等，整合政府、金融、社会服务三方数据，形成地区特色数据库，对量大面广的小微客群构建经营画像，并确保客户隐私数据安全，为企业快速匹配合适的金融服务。“融服务”板块推动企业运营成本迭代下降。通过生态伙伴共建共享的方式，为小微企业高效便捷地提供政务服务、SaaS云服务、线下企业服务等，推动企业数字化转型，赋能企业可持续发展。例如，围绕小微企业的数字化建设或经营服务需求，遴选了财税、人力、法务等优质第三方服务商，将票财税、云进销存、ERP、云OA等第三方SaaS软件集成至“金服宝·小微”平台的“融服务”板块，方便企业快速组建数字化工具箱（见图5－2）。

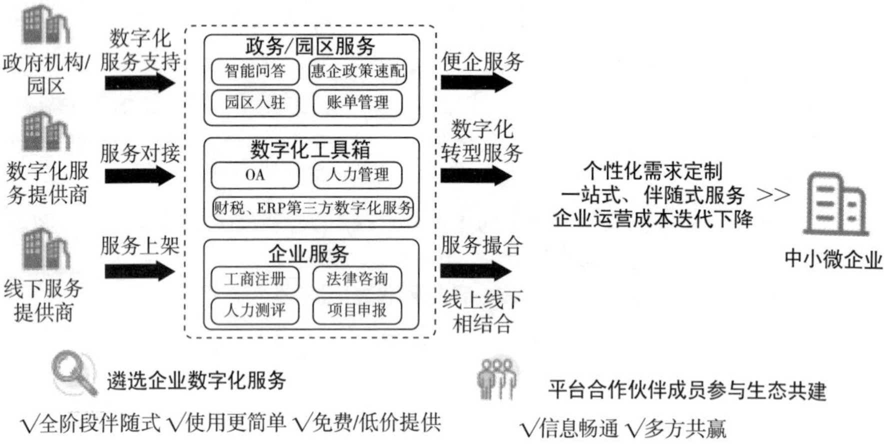

图5－2　生态伙伴共建共享“融服务”板块

从服务成效来看，“融智”板块实现金融顾问线上直联，会聚临平区八大领域专业金融顾问42位，上架金服会、服务商视频课程17个，结合临平块状经济特点的十大行业重点上线新闻资讯内容，累计投放资讯500篇，触达1万余人。“融资”板块累计接入临平区8家本地银行，提供18款定制产品，实现融资时间缩短80%，申贷成功率提升20%，贷款利率下降6%。融资时间缩短至1～2个工作日，申贷成功率上升至35%。“融服务”板块目前已引入区域内43家服务商，为小微企业提供金融、企业服务、法务等类型产品共计69款，已累计服务临平地区中小微企业3万余户。

2. 构筑满足企业多维金融需求的增值服务体系

一是建立上市培育企业金融服务矩阵。针对企业反映的“机构牌子大、团队能力弱”导致上市走弯路问题，编制《企业上市中介机构优秀业务团队汇编》，按照券商、律师事务所、会计师事务所、风投机构等多个类别，由金服会开展团队筛选、把关和推介，分“培育、股改、辅导、报审、上市”等阶段引导不同类型机构精准匹配。同时，团队专家以金融顾问身份提供公益咨询服务。

二是建立成长型企业金融助力联盟。针对成长型企业因融资困难而长不大的困境，金服会成员银行按照“风险共担、滚动出资”等原则，组成金融助力联盟，满足处于发展期企业的资金需求。

案　例

多家金融机构联动服务成长型企业

围绕跨境电商场景，针对电商企业因缺抵押物难融资问题，浙商银行、浙江农商联合银行、杭州银行、中信银行等金融机构率先把电商业务数据价值化，作为银行信贷依据，对跨境电商新增授信4500万元。围绕科创金融场景，浙商银行针对科创企业初期缺乏抵质押物、技术估值难的问题，抓住科技企业中“人”这个关键因素，创新推出“人才银行”服务，并以此延伸出对科创企业“全方位、全链条、全周期”的综合金融服务。浙商银行“人才银行”科创金融服务获央视《经济半小时》专题报道。

三是建立服务区内企业的公益金融大讲堂平台。按照区政府、镇街政府为企业提供金融赋能的内生需求，以临平的企业为对象，依托金融顾问工作室场地开设了金融公益讲堂。重点针对供应链金融、并购融资等实用热点，由省级金融顾问主讲，每次邀请区内20家左右的企业，覆盖区内代表性头部企业、中小企业等，切实赋能企业发展。

四是建立赋能园区管理的数字管理体系。园区是中小企业集聚地，在示范区创建中，金融顾问从园区“招商难、管理难、服务难、融资难”四大堵点切入，创新智慧园区管理系统等综合金融服务模式，以数字化赋能产业园区管理及服务园区企业。

3. 打造与县域经济同频共振的小微普惠融资案例

案 例

“保险＋期货＋融资”的生猪养殖“衢州案例”

生猪养殖是衢州“三农”支柱产业之一。为解决当地生猪价格波动问题，在衢州市政府和大连商品交易所的支持下，浙商银行联合财通证券、永安期货发挥专业优势，牵头大地期货、浙商期货、浙江人保财险等多家机构，共同开展了浙江省内规模最大的生猪“保险＋期货＋融资”项目。该项目共有123家农户参加，在农户自缴342万元的情况下，牵动外部多方资金1650万元，为衢江区、龙游县、常山县、开化县、江山市等5个山区县20万头生猪提供了5亿元的风险保障。

案 例

“政府贴息 + 银行减息 + 杠杆帮扶”的普惠金融“奉化案例”

为破解宁波当地小微企业融资难题，针对政府纾困补贴资金相对较少、难以有效解决企业资金缺口的问题，金服会提出“直贴改为贴息、银行主动减息、贷款精准纾困、放大帮扶杠杆”的综合金融助企纾困方案，创新推出“纾困贷”产品服务模式。该模式采用政府和银行共同贴息的方式，由区县政府提供总计5000万元财政贴息资金，银行提供20亿元信贷资金支持，以有限补贴资金撬动近50倍的贷款资金。按照该模式，浙商银行为1854家中小企业发放“纾困贷”资金31亿元，带动同业积极参与，牵动信贷资金160亿元，小微企业户均获得资金170万元。

案 例

“湖羊共富贷”为主的助力普惠金融“湖州案例”

湖羊养殖是浙江长兴县特色产业，围绕湖羊养殖企业“投入大、成本高”的痛点，创新推出“湖羊共富贷”特色产品，并嵌入当地“湖羊天下”数字化平台，帮助湖羊养殖企业做大规模、做强品牌。2024年3月，以破解融资难题、降低生产成本为主题的“湖羊案例”被《人民日报》刊载。

第六章

县域综合金融生态建设实践
——服务社会

面对当前我国经济发展新形势和社会主要矛盾新变化，要跳出金融看金融，从社会价值看金融，将金融效益最大化与经济、社会的整体效益最大化紧密联结。实现人民对美好生活的向往是对金融作用提出的新要求，县域综合金融生态建设坚持以人民为中心的发展理念，通过更好发挥金融服务经济社会发展的功能性作用，聚焦社会金融供给难点，在服务百姓金融意识提升、服务乡村振兴、服务基层社会治理方面进行了有益探索，在提供社会公共服务、促进社会公平等方面取得了积极成效，提高了广大人民群众的生活水平，促进了共同富裕。

服务百姓金融意识提升

1. 提升反诈预警能力，守好群众“钱袋子”

消费者权益保护是金融工作中最贴近人民、与人民联系最为紧密的领域，守好广大群众“钱袋子”，是把握金融工作的人民性、关乎广大人民群众的重中之重。随着信息社会的快速发展，以电信网络诈骗为代表的新型网络犯罪已成为当前的主要犯罪形态。犯罪分子利用非法获取个人信息、网络黑灰产业交易等实施精准诈骗，组织化、链条化运作，跨境跨地域实施，已经成为当前发案最高、损失最大、群众反响最强烈的突出犯罪。2024 年上半年，诈骗占刑案的比例进一步上升至 60%，其中绝大部分是电信诈骗。

党中央高度重视打击治理电信网络诈骗犯罪工作，2021 年 4 月，习近平总书记作出重要指示，要求注重源头治理，加强法律制度建设，为打击治理工作指明了前进方向、提供了根本遵循。2022 年 12 月 1 日，《中华人民共和国反电信网络诈骗法》正式施行，这是我国第一部专门、系统、完备规范反电信网络诈骗工作的法律，是党中央部署打击治理电信网络诈骗工作的标志性成果，是中国特色反电信网络诈骗犯罪制度的成功探索和具体实践。国务院建立反电信网络诈骗工作机制，统筹协调打击治理工作，地方各级人民政府组织领导本行政区域内反电信网络诈骗工作，确定反电信网络诈骗目标任务和工作机制，开展综合治理，公安机关牵头负责反电信网络诈骗工作，金融、电信、网信、市场监管等有关部门依照职责履行监管主体责任，负责本行业领域反电信网络诈骗工作。县域综合金融生态建设通过开展投资者教育、反诈宣传等方式提升居民金融意识，保障居民财产安全，维护基层社会稳定，是县域社会基层治理的重要组成部分。

以临平区为例，县域综合金融生态建设金融顾问工作室践行金融工作政治性和人民性，充分发挥公共服务效能，提高群众安全防诈意识和能力。一是开展“金融反诈行　同奔共富路”公益活动，由临平区反诈联席办与金服会共同主办，在活动现场进行了百场投教活动站点的预热微访谈，公安一线民警、浙江省级金融顾问等反诈先锋代表结合各自的反诈工作实际，分享了生动案例、心得感悟、重要成果，并向居民提出妥善保管个人信息，绝不出售出租银行卡、手机卡，加强账户安全管理，培养良好支付习惯等具有实操性的反诈建议。二是打造“1 + 99 + N”的反诈超市机制，“1”指反诈超市总站，设在临平金融顾问工作室，由浙商银行和余杭农商银行牵头，是活动开展的策源地和人员的培训地；“99”指区内银行网点机构布展的反诈超市分站；“N”指农村和社区设立的金融服务驿站中的反诈宣传点，利用银行金融机构网点密布城乡的优势，联结成网，更有线上新媒体金融反诈内容持续输出，线上线下并轨推行，被评为“浙江省金牌反诈角”。三是建立“5060”反诈志愿者工作室，以区内金融机构网点为基础建立反诈志愿者工作室，选派50岁至60岁的临退休志愿者，发挥该群体社会责任感强、社会经验丰富、容易获得老年群体信任、可自由支配时间较多的优势，创新采用反诈“四个一”口诀（存储一个号码：96110；注册一个App：国家反诈中心App；关闭一个服务：境外来电服务；记住一句话：不向陌生账户转账、不向陌生人透露转账验证码）、快板、三句半等接地气的宣教形式，为老年群体提供宣导，提升其风险防范意识和识别能力。

案　例

牢筑反诈“防火墙”　共建良好金融生态

余杭农商银行多措并举牢筑防范电信网络诈骗“防火墙”，切实提升公众反诈防骗意识，牢牢守住百姓“钱袋子”，为助力共同富裕贡献金融力量。余杭农商银行通过组建“多多反诈卫士”“‘5060’反诈志愿者”团队等，开展各类反诈宣传活动50余场次，发放宣传折页6000余份，受众达1万余人。

（1）强化内控，管理账户“生命周期”

深入推进账户分类分级管理。采取多维度、差异化的客户尽职调查方式，合理设定单位账户和个人账户资金交易渠道与限额，使账户交易限额与客户风险程度相匹配。持续完善事中交易监测措施，跟踪高危账户及高风险交易，落实精准防控。开展涉案账户及其关联账户倒查，延伸开展关联账户拓查，并对相关账户及时采取风险管控措施。重点排查账户逾百万户，并持续开展对全量账户的非柜面额度动态调整工作。

（2）社银合力，牢筑反诈群防“根基”

与金服会共同推进建设反诈防骗实体基地“反诈超市”，并定期安排人员弹性驻点、开展主题活动等，以轻松、便捷、接地气的方式将反诈知识送到百姓家门口。据不完全统计，余杭农商银行的“反诈超市”分站已组织线上线下反诈活动10余场，受众超500人次。牵头并联合各行各业退休爱心人士共同组建反诈公益组织——“‘5060’反诈志愿者”团队，通过开展见面会、反诈知识培训、反诈节目排演等系列活动，帮助中老年群体牢牢守住“钱袋子”。“多多反诈卫士”为暑期爱心托班的孩子们开设反诈宣传课程，联合辖内社区举办党建联建爱心义集，着力打造“流动反诈小摊”，为培养青少年形成科学、正确、理性的金钱观和消费观奠定扎实基础。

（3）警银协作，加固属地“反诈联盟”

联合余杭、临平区公安局开展“驻点式”反诈宣传活动，共设26个反诈宣传点位，覆盖辖内绝大部分街道，不断延伸反诈宣传“触角”。落实支行与属地派出所建立定期联络机制，对于劝阻成功后的客户，将相关信息及时反馈给派出所，让派出所民警进行二次走访或劝告，防止客户再次落入圈套。加入当地街道“反诈联盟”，携手辖内村社、企业、学校等，形成整体合力，打造跨行业、多阵地、全方位的反诈矩阵，加固防诈“防火墙”。柜面已成功劝阻诈骗24起，涉及金额271万元。

2. 构建投资者教育宣传网络，探索金融知识普及新生态

综观党的二十大报告，“人民”是贯穿始终的鲜明主线。面对群众在“学金融、用金融、信金融”方面日益增长的需求，金融机构如何秉持

"金融向善"理念，切实履行金融教育职责，成为日益紧迫的课题。近年来，为提升消费者金融素养和金融安全意识，作为金服会牵头单位，浙商银行着力打造"线上+线下""集中性+阵地化"的教育宣传网络，从传统的说教式金融教育转变为需求侧金融教育，更好适应当下群众"即查即学即用"的快节奏行为偏好，为构建金融知识普及新模式作出了有益的探索。

浙商银行依托金融顾问品牌优势，围绕"基础金融知识""非法金融活动风险提示""财富管理暨理性投资""浙商银行服务案例"四个模块，分层次规范化打造"财富管理N课"课件库、视频库、案例库、直播矩阵，深耕"财富管理N课"品牌，全新推出"财富管理N课"教育宣传品牌，搭建"财富管理"新生态，扎实推进金融知识的社会化普及，教育宣传工作广度、精度持续跃升。作为探索金融知识普及新模式的一大亮点，浙商银行将"西湖十景"作为意象元素，对应诚信教育、防范非法集资、存款保险等金融知识点，以《白蛇传》作为故事背景，大胆创新，制作了"西湖十景"金融知识普及系列短视频，将金融知识融入诙谐幽默的故事情节中，让金融知识的普及更接地气。目前，"财富管理N课"已推出课件31个、视频57个、专题文章128篇、金融知识实用手册6册，还有原创设计的品牌专属海报、长图及周边产品，受到消费者欢迎。

"财富管理N课"在各地展开。在天津，浙商银行与南开区老年大学合作设立消费者权益保护宣传基地，聚焦老年人常见的金融消费场景，在基地中建立了电诈板块、非法集资板块和消费者八项权益板块三大板块，今后还将增加反假币板块和反洗钱板块，提升老年群体的金融素养。在成都，浙商银行持续做好关爱特殊人群志愿服务活动，走进成都市特殊教育学校，由志愿者与手语老师配合，为学生们讲解常见的非法集资陷阱，引导青少年注意甄别金融诈骗风险，切实保障自身合法权益。该活动在银行员工和特殊青少年群体之间架起了一座暖心的桥梁，也将“金融向善”的理念传承下去。在武汉，浙商银行积极响应“把非诉讼纠纷解决机制挺在前面”的重要指示，联合中国银行湖北省分行，组织地方法官、调解专家、“新市民”代表、小区业委会代表、金融机构等，普及金融纠纷法律法规、调解政策，倡导理性投资理念，增强消费者依法维权能力。在绍兴，浙商银行走进浙江工业职业技术学院梅山校区，聚焦学生常见的金融消费场景，讲解电诈风险，护航校园安全。在温州、上海、济南，浙商银行主动将金融知识送到市民身边，讲解金融消费者八项权利，宣传“代理退保”“征信修复”等非法职业代理危害，在提供牙医义诊、手机贴膜等便民服务的同时，提高了市民的非法金融活动防范意识，也将“金融向善”的理念传承下去。

截至2024年3月，浙商银行已有283家分支行负责人带头抓组织、抓落实，共开展消保教育宣传活动803场次，线下活动惠及群众93.83万人次，线上教育宣传累计触达金融消费者2016.23万人次。

案 例

打造临平投教样板间，以居民喜闻乐见的方式提升触达效果

金融顾问团推出“投资者教育N课”，综合运用新媒体、集中宣讲等形式，使老百姓警惕非法诈骗、非法荐股、非法集资、套路贷等，帮助居民守住自己的“钱袋子”，目标实现对临平1镇7街道的财富管理服务全覆盖，为临平居民提供差异化、有温度的综合金融服务，打通金融服务最后一公里，提升居民的金融素养。金融顾问团秉

承为居民提供健康理财服务的宗旨，在前期投教活动的基础上，通过走进社区、走进学校、走入农村、走入拆迁社区（村）等多样化形式，向居民灌输健康投资观念，提供财富管理服务。同时围绕居民关心的资产配置、房地产分析、资本市场投资等热点问题，举办系列主题投资沙龙，为投资者答疑解惑，引导投资者树立正确的投资观念，合理配置资产。

2024年以来，金服会及相关成员单位在临平区已开展40余场投教活动，获得地方政府和群众的充分认可。未来，金融顾问团将不断扩大服务范围，下沉服务重心，积极探索创新投教活动模式，汇聚资本市场投教合力。在打造临平综合金融服务示范区投教样板的基础上，结合地域特色，将投教活动扩大至杭州各区县。同时，聚焦社区居民、政府事业单位人员、“新市民”等群体财富管理需求，开展差异化的金融服务，提升居民健康理财意识，实现投资收益性和资金安全性的平衡，以实际行动践行投资者权益保护工作。

3. 提供精准理财服务，优化居民家庭财富配置

近年来，随着经济发展、居民收入提高、人口结构变动以及城市化进程的推进，居民家庭理财的需求进一步加速增长。同时，我国金融市场的体制机制不断完善，金融服务和金融产品也在不断丰富。尤其是资管新规实施以来，预期收益型产品大幅减少并逐渐退出市场，净值型理财产品成为主流，产品风险等级更加清晰，居民理财刚性兑付观念被打破，对于理财产品认知和投资需求进入新阶段。如何用金融服务匹配和满足居民投资理财“增长加速”的新要求？如何更好推广普适性的理财观念、提高居民理财投资管理水平、提升理财效率？如何为居民理财提供更好的环境？这

些问题在居民理财迅速发展阶段都显得尤为重要。县域综合金融生态建设金融顾问工作室深耕县域，深入了解居民理财的现状，分析居民理财的行为，研究居民理财行为背后的经济原理和逻辑，从而帮助居民把握理财投资的发展趋势，更好地将其需求与金融机构的产品和服务进行匹配。

案 例

打造健康理财节，满足居民安全理财需求

临平区居民财富日益丰富，人们对财富保值增值的意愿也日益强烈。面对金融多元化的新生态，临平区各家金融机构不断求新求变，深耕区域经济，创新金融产品，为广大个人客户提供优质、便捷、高效的综合化金融服务，定制临平综合金融服务示范区专属财富产品，同时给予专项存款产品额度支持，尽量满足当地居民安全理财需求。2023 年 6 月 28 日至 7 月 8 日，由金服会牵头，临平区辖内余杭农商银行、浙商银行临平支行、江苏银行临平支行、中国邮政储蓄银行临平支行、中信银行临平支行、招商银行临平支行、浙商证券余之城营业部等多家金融机构联合开展临平综合金融服务示范区“一机构一产品”健康理财节活动，旨在践行普惠金融、深化投资者教育，并为当地居民提供丰富多样的金融产品。活动期间，多家金融机构在多个社区开展大大小小理财节活动 20 余场，活动现场反响强烈。

服务乡村振兴

1. 助力共富村建设，实现惠民富村兴业

2024年，《中共中央 国务院关于学习运用“千村示范、万村整治”工程经验有力有效推进乡村全面振兴的意见》发布，明确指出“推进中国式现代化，必须坚持不懈夯实农业基础，推进乡村全面振兴”。习近平总书记在浙江工作时亲自谋划推动“千村示范、万村整治”工程，20年持续努力造就了万千美丽乡村，造福了万千农民群众，创造了推进乡村全面振兴的成功经验和实践范例。浙江省委、省政府提出坚持和深化新时代“千村示范、万村整治”工程，打造乡村全面振兴浙江样板，推动浙江“三农”工作全面过硬、全域提升、全程领跑。县域综合金融生态建设紧紧围绕省委、省政府工作部署，重点聚焦村级集体经济发展中的痛点、难点，从资金支持、产品赋能、服务保障等多层面、多角度提供金融助力，全面满足村级集体经济发展需求，为惠民富村兴业注入不竭动力。

案　例

金融服务接入生态主题，打造“金融共富新宇模式”

浙江省杭州市临平区新宇村位于杭州东北部，紧邻京杭大运河，全域面积2.2平方公里，有16个自然村，常住人口2728人。新宇村所在的运河镇是浙江省农业农村现代化建设示范乡镇，浙江省“甲鱼

之乡”“黑鱼之乡”。新宇村虽曾是“两鱼养殖”示范村，但也面临着鱼类养殖导致环境污染的难题。为响应农村生态环保要求，新宇村积极改造原有水产养殖业，将黑鱼塘转变为美丽荷塘，将传统粗放式的农业生产之路提升为有市场竞争力、能带动农民致富、可持续发展的高效生态农业发展之路。

针对新宇村全村传统农业转型升级和区级“共同富裕样板村”建设需要，余杭农商银行的金融顾问成立“金融促共富”服务先锋队，实地研究新宇村发展现状、深入挖掘其资源禀赋优势，探索推出区域“组团共富”金融服务，形成了一套可复制、可借鉴、可推广的“新宇模式”。

（1）打造“高效生态农业”的策源地

李伯伯家庭农场是省、市、区三级示范性家庭农场和临平区乡村工匠示范基地，也是新宇村传统农业转型升级的代表项目之一。几年前，这里曾因为鱼鳖养殖，环境受到了严重污染。近年来，随着新宇村大力推进农业绿色转型升级，农场主李国叙关停了黑鱼养殖场，开始拓展立体种养生态农业，探索农业发展转型新路径。余杭农商银行在了解情况后，多次实地走访李伯伯家庭农场，加大对农场文旅改造、项目技术研发及流动周转资金支持，帮助农场全面实施“藕鳖套养”生态养殖模式和“跑道鱼”科技养殖技术，成为现代养殖的成功样板。此外，针对新宇稻米产业、“奶奶工坊”等重点项目，余杭农商银行充分利用金融顾问“1+N”服务模式，积极推动各方资源信息互通，切实为政府管理赋能、为百姓就业解难。

（2）打造“乡村金融教育”的打卡地

余杭农商银行综合运用新媒体、集中宣讲等多种形式，以居民喜闻乐见的方式提升宣传效果，帮助居民守住自己的“钱袋子”。一是在就近营业网点打造“多多财商教育基地”，自主开发覆盖幼儿、小学、中学、大学全龄段的主题财商课程，将金融知识与教育场景有机结合，让村民“走进来”，着力推进产学研一体化。二是常态化赴村开展金融宣传。以集中宣讲、入户宣传、设点咨询等多种形式，让金融知识“走出去”，引导村民进行财富规划，确保防范电信诈骗知识人人知晓、入脑入心，提升财富安全意识，守好老百姓的“钱袋子”。已开展反诈集中宣教10余次，金融知识点对点宣传600余人。

(3) 打造“农村企业发展”的创新地

余杭农商银行与乡镇政府展开深度合作，结合“三农”的基本特点推出“稻香共富”项目。以农村集体土地为依托，实施“农民投资认养土地、村集体牵头统筹运作、种养大户负责稻米产出、辖内企业稻米认领采购、银行提供信贷资金支持和资金监管服务”的五方长期得益“农业+金融”合作项目。其中村集体利用多矩阵宣传及农耕体验活动，进一步扩大品牌效应；种养大户依靠银行信贷支持，低成本取得生产发展资金，享受低息、贴息等优惠政策，保证销售渠道；辖内农户变土地流转“租金收入”为“租金收入+投资收入”，投资资金实行银行监管确保投资安全，切实助力投资增收、百姓共富；辖内企业降低稻米采购成本，确保质量。通过稻米种植、加工、流通等环节，逐步形成“种养大户销售有门路、辖内农户投资有渠道、辖内企业购买有保证、种养大户生产资金有保障、农户投资安全”的产业链闭环，促进多维度、全覆盖共同富裕。

(4) 打造“富民惠民便民”的示范地

一是多措并举深化“整村授信”，结合普惠大走访活动，完成全村走访、授信、长者卡三项金融服务100%全覆盖，破解农户常年来“融资难、贷款难”的难题，提升村民普惠金融获得感。二是对危房改造、旧房升级、整村拆迁等农村建房项目提供安居贷款，强化“农村建房”专项信贷支持。对符合条件的农户，积极配合相关政策，给予一定的贷款利率优惠。三是强化对“农业大户”专项信贷支持，对符合条件的农业大户，提供一对一服务、满足个性化需求、提升服务可得性，主动减息让利，降低全产业链的金融结算成本，帮助农业大户增产增收。

（5）打造“特色乡村金融”的场景地

一是设立金融共富驿站。设立村级金融服务驿站，配备助农设备，满足小额取款、查询、转账等日常金融需求，不定期开展老物件怀旧展、长者卡代办、防诈骗宣讲、历代货币流动展等特色非金融服务。二是银行助力优质农产品销售。通过手机银行“丰收互联”App中的“丰收购”模块，帮助新宇村销售农产品，上架李伯伯家庭农场生态养殖的甲鱼、当地生产的戴乐搪瓷、新宇稻米等产品。同时，充分发挥本地银行人多面广的服务优势，发动员工采购，并当好“红娘”向客户推荐农产品，帮助拓宽农产品销售渠道。

2. 深化整村授信，壮大乡村特色优势产业

近年来，各家金融机构认真贯彻党中央、国务院关于全面推进乡村振兴的决策部署，聚焦乡村振兴重点领域和薄弱环节，加大金融资源投入，创新金融产品和服务，提升金融服务乡村全面振兴的能力和水平，助力浙江省乡村全面振兴和高效生态农业强省建设。整村授信是加大农户信用贷款投放、降低农户抵押担保依赖、提升涉农主体融资便利性的有效方法，

只要金融机构真正将金融服务下沉至村，就能充分依托农村熟人社会，全面了解农户的背景，为授信决策提供更准确的依据，还能利用熟人社会的相互监督机制提高整村授信的还款率，做好风险控制。此外，熟人文化有助于建立金融机构与农户之间的信任关系，村委会等农村基层组织在熟人社会中具有较高的威望和公信力，他们可以作为金融机构与农户之间的桥梁，帮助双方建立信任，将村民们对村委会的信任延伸到对金融机构的信任，从而提高农户参与整村授信的积极性。

如浙江杭州余杭农商银行实施进村入户，实现农户申贷“零距离”。深入开展“走千家、访万户”活动，全面推进“普惠金融”客户信息采集工作，及时告知农户授信的额度、利率及信用等级。创新推出“整村授信、集中办贷”业务模式，在村中选取集中签约点开展批量办贷，现场办理签订合同和发放小额贷款卡，提供送贷上门服务。浙江稠州商业银行以农村普惠金融服务点为载体，在整村授信模式基础上，遵循“整村营销、批量授信”操作原则，实现“一次核定、随用随贷、动态调整”。开发上线“乡村振兴贷”，向符合条件的本地户籍村民发放信用贷款，支持农户消费和生产经营资金需求。杭州银行推广落实“确定客群、渠道建联、访客触达、转化运营”小微营销“新打法”，通过强化靶向营销、强抓渠道建联、强推实地访客，加大信用贷款投放力度，推动“三农”金融服务质效升级。针对农村居民推出“云小贷”整村授信业务，实施随借随还模式，贷款期限最长 3 年，单户农户授信额度最高可达 30 万元。

案例

“政金合作+产品创新”，赋能建德“民宿第一村”

乡村振兴要靠产业，产业发展要有特色。建德市航头镇航川村要实现“家门口致富”，主要面临两大难题：一是产业生态怎么建，二是启动资金哪里来。航头镇人民政府和航川村村委会在深入调查之后，决定利用航川村生态环境优美、文旅产业丰富、与建德城区距离较近的特点，将现代农业与文化旅游融合发展。建德农商银行根据航川村经济经营特色及当地政府的发展规划，为航川村量身定制了一整套金融服务方案。

（1）“整村授信”解决航川村民融资难

建德农商银行通过实地走访发现，大部分村民无资产抵押、无信用档案、无稳定收入来源，普遍存在融资难、担保难的问题。为破解这一难题，建德农商银行创新提出“数智普惠”的授信方式，线上分析海量的村民数据，创建农户授信模型；线下组建村民授信小组，开展“背靠背授信”，并结合航川村特色“银杏币”管理模式，对口碑良好、邻里关系和睦、经营意愿强烈的农户开展“无感授信”工作，彻底摘掉“贷款难”的帽子。

（2）“财金合作”解决航川村民融资贵

建德市财政局依照《浙江高质量发展建设共同富裕示范区实施方案（2021—2025年）》《浙江省“扩中”“提低”行动方案（2021—2025年）》部署，将航川村作为建德市“扩中”“提低”项目的首个试点村，将民宿产业作为首个重点扶持产业，通过财政资金贴息，积极引导金融资源向航川村“扩中”家庭倾斜。

建德农商银行积极响应，推出专项产品“共富民宿贷”，单户最高可获得50万元授信额度。其中，建德市财政局按1.8%进行贴息，而建德农商银行主动将贴息收入全额让利于农，用实际行动践行普惠金融的政治性和人民性。

(3)“金融+政府”形成服务综合体

除建德农商银行外，航川村民宿项目参与方还包括航头镇人民政府、建德市文化和广电旅游体育局与建德市财政局，从民宿集群发展、民宿新建、改造提升、品牌化运营、平台营销等多方面给予政策扶持。其中，航头镇人民政府作为“民宿第一村”的“总设计师”，建立了一套符合航川村实际情况的管理和运营模式，统一规划、统一招商、统一管理、统一标准、分户经营，由政府组织开展客房服务、厨师技能、经营管理等技能培训，并带动当地农民“订单式”种养“共富鸡”“共富鸭”“水果玉米”“有机火龙果”等，实现致富增收；建德市文化和广电旅游体育局作为项目的“首席推广官”，在项目启动、运营方面起到巨大作用，通过多种渠道的对外宣传推广，不断提升航川的知名度和美誉度，确保客源不断；建德市财政局则统筹各相关部门的专项资金用于扶持民宿发展，提升民宿产业扶持总额度，对乡村民宿投资建设、改造升级给予一次性资金补贴或提供贴息贷款。

得益于金融“活水”的持续浇灌，现如今，航川村已成为“农区为景区、田园为公园、农房为客房、农品为礼品”的宜居宜业的美丽乡村。航川村打响了“住1晚吃3餐仅需139元”性价比消费的“139民宿”品牌，带动村内“玉米经济”“火龙果经济”和星空露营基地、军旅拓展基地、大慈岩灵栖洞等农业及文旅产业发展，绘就了一幅以民宿经济推进乡村振兴的“共富”蓝图。

3. 编织农产品“销售网”，打开村民“致富门”

为全面贯彻党的二十大和二十届二中全会精神、习近平总书记关于“三农”工作的重要论述，打好乡村全面振兴漂亮仗，以加快农业农村现代化更好推进中国式现代化建设，浙江省委、省政府忠实践行“八八战略”、奋力打造“重要窗口”，深入推进山海协作，高质量建设共同富裕示范区，解决浙江省区域发展不平衡、不充分问题，强化农民增收举措，提升消费帮扶助农增收行动实效。浙商银行进一步提高政治站位、强化责任担当，积极探索和开展消费扶贫工作，以“精准对接＋搭建平台＋直播带货”为消费扶贫贡献了“浙商方案”。

案 例

用心用行，以金融力量赋能消费扶贫

浙商银行积极思考如何推进“互联网＋消费扶贫”，通过线上化销售模式和现代化配送体系，帮助农户跨过空间上的千山万水，转化为网络里的“近在咫尺”。在自有采购分销平台——“e家银”商城上设立了“爱心专区”，不以盈利为目的，直接连接市场供需双方，并积极推动结对村有特色、可网销的农产品入驻线上商城，主动为结对村引入专业物流和电商企业作为合作伙伴，“手把手”帮助农户解决个体农户上电商平台难度大、产品分散量小、储存运输有风险等问题，确保线上消费扶贫落地见效。“e家银”商城聚焦“三区三州”，引入甘肃农创、凉山山里淘、仪陇小城故事等9家电商，共上线生鲜、粮油、干货等农副产品156款，为推动贫困地区搭上“数字快车”、

走上产业化发展道路作出了积极贡献。

为帮助结对村打破农产品自产自销的“经济闭环”，增强产业意识和市场竞争力，浙商银行积极运用微信、抖音、直播等新媒体新手段，为消费扶贫“线上化”点亮“新技能”，切实做到“扶上马、送一程”。在直播间的背后，是浙商银行前中后台不同条线20多名青年员工组成的“脱贫攻坚小分队”，他们白手起家、通力协作完成了活动策划、担任主播、系统开发、内外宣传等多项工作，短期内攻克了指导农户参与直播、生鲜产品保质保量走出大山、与网友互动激发人气等一系列问题和挑战，以青春的力量和温度助力脱贫攻坚。与此同时，总分行工会配合直播活动，开展“工会邀您爱心助农”主题活动，广泛发动员工采购直播助农产品，共同参与消费扶贫。如浙商银行以“牵手仪陇”“庆丰收”为主题组织了两场直播带货活动，来自甘肃天祝的白牦牛肉、凉山园田小学的核桃、玉清村的脆红李等农产品纷纷亮相直播间。两场直播活动观看人次达3万、评论达9182条、点赞达34.6万个，销售农产品4275份，销售金额达16.4万元。

服务基层社会治理

1. 实施善本信托工程，服务企业家参与县域社会自治

公益慈善是第三次分配的重要物质基础，是社会和谐发展的重要保障，也是企业在解决社会问题、主动创造社会效益和社会价值的同时，实现自身价值增长的有效路径。在中国式现代化建设和共同富裕背景下，企

业家投身公益慈善事业意愿强烈，但同时面临着对执行机构信任度不高，慈善的参与感、获得感缺乏等问题。对此，善本信托工程率先破题，以“慈善 + 金融”模式服务企业家开展自主、可感知的公益慈善活动。

(1) 打造自主、可感知的慈善模式

共同富裕是中国式现代化的本质特征，也是全体人民的共同期盼。当前，浙江省正在全力推进全国首个共同富裕示范区建设，围绕金融助力共同富裕，各区县综合金融生态建设金融顾问工作室创新实施善本信托工程，服务企业家开展自主、可感知的慈善活动，帮助企业家参与县域社会自治，实现财富升维，成为创新中国式慈善的有益探索。

一是发挥综合金融服务优势，服务企业家设立属于自己的善本信托。各区县综合金融生态建设金融顾问工作室发挥“1 + N”综合金融服务优势，集慈善、金融、法律、财税服务于一体，高效对接企业家慈善需求，设立善本信托，保证企业家对自己出资设立的善本信托享有冠名权和决策权。

二是围绕三大场景，赋能企业家参与自主、可感知的慈善活动。围绕企业自身生态、企业家出生地和企业所在地三大场景，充分尊重企业家意愿，帮助其定制个性化、多样化的慈善项目，让每个企业家都能参与力所能及、可以亲身感受的慈善场景，提升其获得感、满足感。

三是定制保值增值方案，保障企业家参与慈善事业的可持续性。各区县综合金融生态建设金融顾问工作室发挥金融机构专业优势，根据企业家对善本信托的财产支出节奏安排，设计信托财产活期、定期存款服务方案，并提供风险可控、收益可观的专属定制理财，实现善本信托财产的保值增值。

四是提升善本信托正向影响力，助力企业家实现财富升维。举办善本金融研讨会、金融助力企业家善行联席会议等多场大型研讨会，旨在营造积极鼓励的慈善环境，从动力、情感和认知等方面引导企业家发挥乡贤作用，在保障困难群众生活、提升县域基本服务、改善地区生态环境等方面推进县域基层社会治理，构建共建共治共享的社会治理格局，实现财富升维。

（2）善本信托的县域实践

善本信托工程以“慈善＋金融”模式服务客户开展自主、可感知的公益慈善活动，是中国式现代化新征程中金融参与第三次分配、促进社会均衡性发展的专业表达。浙商银行秉持“善本金融”理念，联合专业机构，搭建集慈善、金融、法律、财税服务于一体的社会价值共创生态平台，为企业家提供融慈善信托设立、慈善项目实施、慈善税务筹划、慈善财产保值增值、社会影响力塑造等为一体的全流程赋能方案，服务企业家围绕企业自身生态、企业家出生地、企业所在地三大场景开展慈善项目，是企业家参与基层社会自治的有效途径。

案 例

圣兆慈善信托资助因病致贫、因病返贫家庭

浙江圣兆药物科技股份有限公司立足企业自身生态场景，设立“善本信托·浙金－圣兆慈善信托”。该信托由浙金信托担任受托人、浙商银行担任保管人，根据捐赠人意愿，信托财产主要用于救助临平区经医保报销、政府政策给付及其他组织的帮扶补助后仍困难的群众的合理医药费用，让符合条件的困难患者能够更好获得医疗救助。为

坚持公正、公平、公开原则，信托财产的使用在尊重捐赠人意愿的前提下接受杭州市医疗保障局临平分局、临平区财政局、临平区慈善总会等十余个政府部门和专业机构的监督，信托成立不到3个月时间，就已为两个因病致贫、因病返贫的家庭送去了关怀。

实践证明，善本信托作为一种自主可感知、运作灵活、规范透明、捐赠可溯的慈善参与方式，被越来越多企业家认同，如安徽首矿大昌金属材料有限公司设立“善本信托·浙金－六安钢铁革命老区专项扶贫慈善信托”，将信托财产用于开展六安革命老区扶贫、助老、助困等公益慈善活动；深圳市嘉龙和投资有限公司设立“善本信托·浙金－恒裕慈善信托”，将信托财产用于生态环保、乡村振兴领域；浙江科杰新材料有限公司设立“善本信托·浙金－恒裕慈善信托”，用信托财产购买了一批电脑，捐赠给对口支援的四川省黑水县阿坝州中学等；保亿集团有限公司设立“善本信托· 浙金－保亿集团慈善信托”，用信托财产助力杭州淳安县义务教育阶段学生免费乘坐校车；南华期货股份有限公司设立“善本信托·浙金－南华慈善信托”，用信托财产为衢州市常山县等地提供教育帮扶。

截至2024年8月末，各县（区）服务善本信托客户92户，落地善本信托47单，累计规模突破2500万元。善本信托的落地，得到了社会各方的高度关注与认同，善本信托系列慈善信托入选杭州市首本《创新型慈善信托案例集》，被中华慈善总会评为“中国善家传承服务创新案例”，获得中华慈善总会家风传承与慈善信托委员会总干事傅昌波的高度评价：浙商银行深刻把握金融的政治性、人民性，提出“善本金融”理念，并系统性推动实施善本信托工程，对于助力民营企业家履行社会责任、实现善家传承、促进共同富裕具有重要意义。

(3) 善本信托新样板

传统的慈善金融方案多为简单的“捐钱救急”，可持续性低，而且“一捐了之”式的捐赠模式已不能满足时代发展的需求。为破解这一难题，县域综合金融生态建设金融顾问工作室深入研究慈善信托的结构搭建、法律合同的规范、支付结算的支持、慈善组织的能力与配合、慈善项目的监督与披露，明确善本信托的创新模式，仅用不到半年时间便打通了公司业务与公益捐赠、公益需求的链路，专业化、体系化、规范化、可持续的“绿色金融＋善本信托”服务体系取得阶段性突破。

案 例

从“超额收益”到“回馈社会”，利用电站超发收益打造产业帮扶新范式

2023年初，浙江浙银金融租赁股份有限公司（以下简称“浙银金租”）与正泰安能数字能源（浙江）股份有限公司（以下简称“正泰安能”）创新推出“光惠租”户用分布式光伏经营性租赁普惠产品，累计实现业务投放超25亿元，惠及超2万户农户安装分布式光伏电站，实现农户年均增收超2000元，形成了全国领先的户用光伏金融服务能力。

浙银金租与正泰安能立足于业务专业化优势，携手创新合作模式，积极探索将“善”的元素融入金融产品，利用光伏电站的超额发电收入“造血”形成慈善资金，搭建起资产增值保值与社会公益慈善之间的稳固桥梁，经过深入研究与创新实践，构建了项目可自我“供血”、公益资金可持续的乡村振兴帮扶新模式。以户用分布式光伏为

场景，自主研发算法模型，综合项目电价、年发电量、运维成本、存续周期、电站成本等因素，公允核定电站发电量和超发收益，以超发收益作为慈善资金来源。

首个落地的“绿色金融 + 善本信托”项目信托财产规模合计100万元，其中浙银金租出资60万元、正泰公益基金会出资40万元，项目资金全部来源于户用分布式光伏电站并网发电后产生的超发收益。该项目由浙商银行联合浙金信托为正泰公益基金会定制慈善信托结构，其中浙银金租和正泰公益基金会为信托计划委托人、浙金信托为受托人、浙商银行为保管人，信托资金定向帮扶位于山区26县的龙泉市中小学校改善基础设施、资助经济困难学生等。在此业务模式下，预计未来25年每年可产生超500万元的超发收益，可持续用于慈善项目，实现了绿色金融与善本信托的有机结合，建立了覆盖事前、事中、事后全流程可持续的慈善帮扶机制。

首单业务落地后，县域综合金融生态建设金融顾问工作室将持续发挥“融资 + 融物”的产品特点，不断构建绿色金融与普惠金融、租赁业务与善本金融有机结合的业务模式，把本次“绿色金融 + 善本信托”的成功经验复制至船舶、教育、钢铁等领域，不断营造正行向善的发展生态。

2. 推动温暖驿站建设，拓展县域网点社会服务功能

浙商银行温暖驿站于2022年底开始试点，初衷是为了给户外劳动者，尤其是环卫工人、快递小哥等提供一处“累了能歇脚、没电能充电、渴了能喝水、饭凉能加热”的“救急”场所，把地点设在网点24小时自助银行区域，室内配有矿泉水、充电器、微波炉等基础设施，希望能给户外劳

动者提供24小时不打烊的服务。为进一步提升金融社会价值，浙商银行在建成100家温暖驿站的基础上焕新发布了温暖驿站2.0的内涵，将“驿站”的概念从自助服务区扩大至整个网点营业大厅，将网点社会价值从提供户外劳动者休息歇脚的基础设施升级为提供宣传教育、权益保护、客户关爱等各类社会服务功能，探索网点社会价值提升新路径。

案　例

浙商银行温暖驿站2.0建设

浙商银行积极拓展网点社会服务功能，推进温暖驿站2.0建设，提供的主要社会化功能有以下内容：

(1) 金融知识“第二课堂”

一是加强反诈宣传教育。积极开展各类打击治理电信网络诈骗主题宣传活动，鼓励利用网点温暖驿站阵地，建设反诈宣传角（工作站），通过发放宣传资料、播放宣传视频、讲解典型案例等方式普及《中华人民共和国反电信网络诈骗法》、防诈技巧、支付安全常识等内容，引导群众加深对防范电信网络诈骗风险的认识。

二是积极创建青少年研学基地。主动联系当地青少年活动中心、周边社区、学校等机构，建立持续稳定的合作关系，将温暖驿站开辟为官方认证的“第二课堂”打卡点。面向儿童或学生群体组织现场体验活动，参观银行网点、体验银行服务。

(2)“救在身边”浙银急救站

在网点温暖驿站配备专业急救设备，组织网点人员定期开展急救培训，掌握基础急救技能，正确应对突发状况，向社会公众提供力所能及的帮助。

一是按需配置自动体外除颤仪（以下简称“AED”）。在网点醒目、方便取用的位置摆放AED，准确标示AED位置和标识。指定专人负责AED日常维护管理，定期开展设备巡检，确保AED正常运行。

二是定期开展急救培训。主动邀请当地红十字会等机构，面向网点厅堂人员开展急救技能培训，学习急救包扎、AED使用等急救知识，掌握基础急救技能，并考取急救资质证书，定期开展急救技能的复训，持续提升基础急救技能水平。

三是配备急救箱及其他便民服务用品。在网点适当位置设立便民服务角，配备急救箱，包括常见外用药品、敷料、基础医用器材（全自动电子血压仪、体温计、口罩等）。

(3)“情暖银龄”敬老服务站

一是配备贴心的服务设施。从老年人服务需求着手升级服务细节，设置爱心座椅、爱心等候区，配备轮椅、移动式填单台、老花镜、放大镜、起身辅助器等便民设施，为老年客户提供温馨、便利的服务设施；设置人工呼叫按钮、坡道等设施，确保老年客户等特殊人员进入网点无障碍。

二是提供舒心的专属服务方式。按照“专属通道、专人服务、专区体验”要求，在网点厅堂因地制宜设置适老服务专区及爱心窗口，组建一个专业化的适老服务团队，增设暖心关爱联系卡，在征得老年客户同意后记载客户身份信息、紧急联系人等内容，以便有需要时及时帮助其联系家人。

三是拓展暖心的服务渠道。实现厅堂智能柜员机“简约版”适老功能，在提供大字版的基础上，增加语音提示；扩展移动设备及远程渠道功能，延伸网点服务半径，对患病、遭遇意外事件无法亲临营业网点办理业务的老年客户，提供上门服务。

四是开展用心的宣传教育。以“日常 + 专项”“阵地 + 场外”方式开展老年群体主题宣传活动，在网点温暖驿站综合运用宣传折页、展板、厅堂微沙龙等宣传方式，积极走进社区、养老服务机构等开展客户关怀与金融宣教活动，持续增强老年人金融知识与支付安全意识。

(4)“枫桥式”金融消保服务站

全方位保护消费者的金融权益，提供咨询、投诉、教育等一站式服务，增强客户矛盾纠纷防范化解能力，巩固和提升金融消费者权益保护工作质效。一是在网点温暖驿站开辟独立区域，主动公示政策及投诉信息，畅通投诉渠道。二是落实基层网点投诉处理“首办”责任，第一时间介入、积极妥善处理在网点温暖驿站发生的纠纷或投诉。三是鼓励探索多元化投诉化解渠道，调动多方力量，努力把矛盾风险防范在源头、化解在基层、消灭在萌芽状态。

(5)“温馨便利”户外劳动者服务站

充分利用网点大厅、24 小时自助服务区等区域持续建设户外劳动者服务站，为户外劳动者等群体提供爱心服务。

建设有统一的标识、有合适的场地标准、有健全的服务设施、有完善的服务功能、有规范的管理制度、有线上地图可查、有宣传教育功能、有暖心服务活动的“八有”基本型服务站点，完善可休息、可饮水、可热饭、可充电、可阅览等基本服务功能基础。不断丰富服务站服务内容，延伸服务链条，借助“工会服务户外劳动者日”、五一劳动节以及其他重要时间节点，按需提供政策宣讲、安全与健康讲座、冬送温暖夏送清凉等关爱户外劳动者系列特色公益活动。

(6)“益起向善”公益服务站

以网点温暖驿站为阵地，将“宣传教育”“客户关爱”“权益保护”等社会服务功能融入志愿服务中，向客户、社会释放“善”的情怀。进一步加强与当地志愿服务机构、周边社区的联系互动，结合特定节日及“善行工作室”“浙银拥军”“助力乡村振兴”“一行一校”“公益赠饮”“公益献血”等浙商银行特色公益品牌，鼓励网点营业人员进乡村、进社区、进校园、进企业、进商圈开展公益志愿服务活动，提升正行向善的社会形象。

3. 开展公益慈善活动，履行金融社会责任

在县域综合金融生态建设中，广大金融机构始终坚持发挥金融的社会价值，与社会共享发展成果，增进弱势群体和低收入人群的生活福祉，促进共同富裕，持续参与助学扶困、抗灾救灾、文化事业发展、特殊群体帮扶等公益活动和志愿服务，推动金融服务队伍从善，引导员工树立“心存善念、多行善事”的价值观，并倡导客户、合作伙伴等相关方共同参与公益慈善事业，努力构建和谐社会。

案 例

善本金融与乡村教育的“双向奔赴”

教育是国之大计，乡村要振兴，教育要跟上。浙商银行力尽所能，找对方法，全力帮扶乡村教育事业优先发展，自 2019 年 9 月起，以略阳县接官亭镇中心小学援助经验为基础，在全行范围内推进“一

行一校”结对帮扶工作，目前已结对乡村小学32所（浙江省内13所），累计投入3400余万元，对学校的基础设施、生活环境、教学质量和素质教育进行了全方位支援，受助学生达万余人。

淳安县大墅镇中心小学目前有11个班级，256名学生。其中，低保家庭、家境较困难学生22人，持残疾证学生3人，留守学生120人，近学生总人数的48%。自2022年与大墅镇中心小学结对以来，浙商银行杭州分行多次组织志愿者分赴淳安陪伴孩子们参加学习、娱乐等多项活动。2024年5—6月，浙商银行杭州分行志愿支教队成员又一次赴大墅镇中心小学开展语文、英语、乒乓球、篮球等课程支教活动，与孩子们一起学习、唱歌、玩耍，陪伴大墅镇中心小学的孩子们度过快乐的40天。在支教活动中，孩子们积极发言使课堂充满活力与激情，志愿支教队成员顺势鼓励孩子们追逐梦想，勇敢地探索未知的未来；引导孩子们在学习之余了解更多的课外知识，加强体育锻炼，德、智、体、美、劳全面发展。

此外，浙商银行杭州分行发挥行业优势，探索“融资、融智、融商”模式，攻克乡村办教育的资金难题。2024年5月20日，在杭州市淳安县举办的“栀子花开·爱在下姜”金融助力共富公益助农助学直播活动中，浙商银行杭州分行发布“一行一校 六个一工程”，与认养一头牛集团、法派服饰等公益伙伴一起，为学校送上包括一个信托、一杯牛奶、一套校服、一次结对、一场研学、一项课题在内的“六个一工程”，逐渐从补助困难学生、改善教学环境转变为提升学生综合能力、改善学生精神面貌。

两年多来，浙商银行杭州分行累计向大墅镇中心小学捐赠134万元助学基金，如今大墅镇中心小学校园里宽广的橡胶跑道操场、篮球场、乒乓球场，以及明亮的教学楼、整洁的宿舍楼、多彩的生态乐园……样样配齐，学校文化教学日益多样化，学生们的课间活动日益丰富。教育帮扶是一项长期、持久性的工程。未来 3 年，浙商银行将为大墅镇中心小学提供超过 100 万元助学资金，帮助学校的孩子们获得更舒适的教学环境及更优质的教育内容。

案 例

扎根一线破解困难地区村委会急难愁盼问题

浙商银行凉山分行依托凉山金融顾问工作室持续践行“金融向善”初心使命，扎根一线做好乡村振兴工作。“最美浙银人”张猛同志在完成凉山州布拖县龙潭镇红旗村近两年的驻村帮扶工作后，于 2023 年 9 月被派往布拖县基只乡老古村担任驻村第一书记，该村海拔更高、位置更偏、条件更苦。凉山金融顾问工作室向老古村捐赠桌椅、柜子等物资设备，对首批 325 户农户发放生活物资，对 30 户农户发放清洁用品。

老古村村委会的排水不畅和厕所旁污水淤堵问题一直是困扰村“两委”的一个难题。因污水淤堵、排水不畅，很长一段时间村委会厕所旁存在黑水沟、黑水塘问题，特别是在天气炎热的夏季，蚊虫乱飞，空气中弥漫着刺鼻的气味，这严重影响村委会环境卫生和形象。此外，因村委会无洗浴室，村常职干部和驻村工作队洗澡极其不便，驻村干部常常只有节假日回家才能洗澡，这给驻村工作带来不便。张猛同志到老古村担任驻村第一书记后，及时收集了村“两委”的急难愁盼问题，将上述问题列入议事日程，并向帮扶单位主要负责人汇报帮扶需求。经积极争取，2024 年 9 月向帮扶单位浙商银行凉山分行申请到帮扶资金 5.59 万元，用于完善老古村村委会活动阵地功能建设，新建了一间面积为 12 平方米的洗浴室，在厕所旁新建了一条长 100 米的排水沟，新建了一个占地 4 平方米的化污池，硬化厕所旁坪地 120 平方米。该项目竣工后，进一步完善了老古村活动阵地基本功能，解决了村委会厕所旁排水不畅、污水淤堵等问题，极大改善了村委会环境卫生形象，也为驻村干部愉快工作和生活创造了良好的生活条件。

第七章
县域综合金融生态评价体系

在县域综合金融生态建设过程中既要有明确的治理目标、路径、举措，也要有一套完整的体系对建设实施成效进行全面的评价。县域综合金融生态指数正是立足金融功能性视角衡量区县层面金融生态发展水平的综合评价体系。该指数基于金融生态社会价值和经济价值的统一，依据浙江提出的打造“金融生态优质区”的宏伟目标，从“金融服务实体经济”的宗旨出发，围绕党的二十届三中全会、中央金融工作会议、共同富裕示范区建设和浙江省委、省政府三个“一号工程”的要求，综合考虑了县域金融生态主体成长性、生态服务普惠性、生态基础稳定性、生态模式创新性和生态关系可持续性等特征，系统反映了地方金融生态发展的综合情况，旨在为县域金融生态的健康发展提供科学参考和决策支持。

县域综合金融生态指数概况

县域金融生态作为我国金融生态的基础单元，是县域社会经济的重要组成部分，在提升地方社会综合治理水平、促进地方经济发展、满足主体综合金融需求等方面发挥着关键作用。相较于我国整体的金融生态，县域金融生态规模相对较小，但其经济属性、社会功能可谓“麻雀虽小，五脏俱全”。作为社会生态系统中的关键一环，其生态健康与否将直接影响金融的功能性发挥，进而作用于整体经济社会的健康发展。当前，浙江省各区县金融生态在机构、市场、监管等方面的建设已经较为完备，综合金融服务的创新和覆盖面领先全国，具备了进行全面评价的基础条件。借助临平综合金融服务示范区建设的契机，我们首次以临平区为样板，测度了相应的县域综合金融生态指数。

县域综合金融生态指数理论基础

金融生态是个仿生概念。在国内，周小川等最早将生态学概念系统地引入金融领域，并强调用生态学的方法来考察金融发展问题。按照生态学对于自然生态系统的定义，生态系统（eco－system）指的是由生物群落及其赖以生存的物理环境共同组成的动态平衡系统。自然界中固然存在多种多样的生态系统，但各类生态系统基本上是由两大部分组成，即生物群落和物理环境，在金融学的语境下可称之为金融生态主体和金融生态环境。这里的金融生态主体，指的是由居民、企业、政府、机构等构成的金融产品和金融服务的生产者、消费者；金融生态环境，则指的是与金融主体运行和发展密切相关的经济、社会、法治等外在因素，包含了经济基础、信用环境、金融资源水平等一系列要素。

同自然生态系统一样，在金融生态系统中，金融生态主体和金融生态环境也是相互依存和彼此影响的。一方面，金融生态环境构成金融生态主体的服务对象和活动空间，决定金融生态主体的生存条件、健康状况、运行方式和发展方向；另一方面，金融生态主体以其生产并分配信息、引导资源配置、提供风险管理等功能，塑造金融生态环境。

以生态的全局视角来看待金融，有助于我们增进对金融功能性的理解，也为我们理解县域范围内金融体系的运行及其同县域社会环境之间相互依存、彼此影响的动态关系提供了新的科学视角。它以完整且科学的分析结构表明，县域金融体系绝非独立地创造金融产品和金融服务的系统，它的运行不仅涉及县域政治、经济、文化、法治等基本环境要素，还涉及县域社会综合环境的构成及其变化，以及它们导致的主体行为异化对整个县域社会造成的影响。因此，加强县域金融生态建设，应当成为县域社会共同努力的目标。从生态学的观点来看，通过完善金融生态环境，提高金融效率，完善金融风险管理，对于实现社会治理能力和水平的提升，具有更为根本的意义。因此，根据生态学理念，评价金融生态的健康程度就必须充分考虑生态主体和生态环境蕴含的关键基础、特征与功能。在此基础上，指数的结构设计分为 5 个维度，包括金融生态主体成长性、生态服务普惠性、生态基础稳定性、生态模式创新性和生态关系可持续性。

1. 生态主体成长性

以政府、企业、居民、金融机构为代表的不同金融生态主体构筑起了县域综合金融生态体系的社会基础。主体成长性是衡量一个金融生态活力和韧性的关键。简单来说，在一个区域内，既有金融服务的生产者，又有金融服务的消费者，两类生态主体共同建立了金融在县域内存在的意义，并通过其自身的金融属性汇聚成为当地金融生态的供给和需求。例如，银行、券商、股权私募等各类金融机构的数量以及人均水平直接反映了当地综合金融服务的供给能力。与此对应，区域内不同规模的企业、居民等生态主体的规模反映了当地综合金融服务的需求潜力。要推动金融生态主体成长性，就要从金融供给侧和需求侧两端同时发力，通过营商环境的改善、信用环境的提升、金融机构与产业等不同主体间联动机制的优化和相互赋能来推动各类金融生态主体不断发展壮大，进而为整个金融生态奠定根本的社会基础。

2. 生态服务普惠性

推动金融生态普惠性的提升是金融高质量发展的重要目标。作为金融生态普惠性的载体，普惠金融体现了我国金融工作以人民为中心的价值取向。习近平总书记指出，“要始终坚持以人民为中心的发展思想，推进普惠金融高质量发展，健全具有高度适应性、竞争力、普惠性的现代金融体系”。党的十八大以来，我国金融业持续推进普惠金融发展，取得了长足进步，金融服务覆盖面逐步扩大，可得性明显提升。在全面推进中华民族伟大复兴的道路上，增强金融生态普惠性、促进金融高质量发展是走中国特色金融发展之路的内在要求，也是推进中国式现代化的重要抓手。在新形势下，以银行和非银机构为代表的金融基础设施建设和基础服务需要向县域、村镇进一步渗透、普及，使直接融资和间接融资等基础性金融服务的可得性不断提升。一方面，要健全多层次金融机构组织体系和金融产品服务体系，引导各类银行机构坚守定位，建立健全敢贷、愿贷、能贷、会贷的长效机制，重点支持小微经营主体可持续发展；另一方面，要提升资本市场服务普惠金融效能，拓宽经营主体直接融资渠道，适应各发展阶段、各类型小微企业特别是科技型企业融资需求，优化区域股权投融资机制和并购重组机制，提高直接融资比重，切实降低融资成本。

3. 生态基础稳定性

金融生态基础的稳定是推动地区金融业高质量发展的必要前提，也是确保金融与实体经济之间形成良性互动的重要支撑。习近平总书记指出：“金融活，经济活；金融稳，经济稳。经济兴，金融兴；经济强，金融强。经济是肌体，金融是血脉，两者共生共荣。”实体经济是金融发展的根本，金融通过服务于实体经济来实现其价值，实体经济的稳健发展为金融提供了持续增长的动力和基础。党的十八大以来，我国金融与实体经济良性循环已逐步形成。在实现县域金融生态的良性发展过程中，实体经济稳定是基础，金融系统稳定是关键，社会信用稳定是保障，三者相互协同、相互制约，共同构成了地区金融稳定与持续发展的统一体。要提升区域金融生态基础稳定性，就要巩固区域的经济发展基石，及时准确地检测和识别区域经济中潜在的金融风险，全面提升政府、企业、居民的金融意识，引导金融生态发展稳定向好。

4. 生态模式创新性

金融生态模式的创新是优化资源配置、提高金融服务实体经济质效的核心动力。习近平总书记指出："创新是乡村全面振兴的重要支撑。"结合县域经济社会发展形势创新县域金融生态服务模式，是地方金融机构贯彻落实习近平经济思想，推动实施乡村振兴战略、推动县域经济高质量发展的重要体现。当前，金融生态模式的创新主要包含以数字化为代表的技术创新和金融服务体系的制度创新两大方面。一方面，紧跟数字化时代浪潮，加强数字金融的发展和金融科技的运用，将有助于重塑要素配置路径，缓解信息不对称，引导金融资源高效触达，有力惠及处于市场弱势地位的中小微企业；另一方面，推动金融服务体系的制度创新，将有助于重塑主体对话模式，助力金融供需各方精准对接，催生金融服务模式从"被动等待上门"向"主动精准服务"转变。

5. 生态关系可持续性

金融生态关系可持续性是指导区县经济金融健康发展的基本准则。正如自然生态系统的平衡对于生物多样性和环境健康至关重要一样，金融生态的可持续性是确保金融系统稳定、有效服务实体经济、促进社会和谐发展的关键。金融的发展应当随着经济的发展而不断调整，从而实现金融资源的有效配置和金融效率的持续提高。其中，金融生态对实体经济可持续性的核心价值在于提高各类生态主体的债务管理水平，促进可持续融资，使区域经济发展与金融要素的投入保持一种健康良性的长期动态平衡关系。同时，金融生态的发展导向在促进绿色经济发展过程中起到引领作用，是引导经济发展与人类环保和健康需要相适应的资源配置基础。在金融生态的范式中，实体经济的健康发展为绿色经济的转型提供了物质基础，绿色经济的发展又反过来促进实体经济的结构调整和升级，二者共同构成了金融生态关系全面可持续发展的核心支柱。要提升金融生态的可持续性，就需要提升政府、企业、居民、金融机构等各类主体的可持续发展意识，不断加强金融功能性和盈利性的协调，推动金融生态社会价值和经济价值的融合，为推进人与自然、人与社会和谐共生的中国式现代化提供金融力量。

指数构建的原则、体系与测算方法

1. 指数构建原则

县域综合金融生态指数的设计广泛借鉴社会学、金融学和生态学等交叉学科领域理念，衡量了县域金融生态在不同时期变化、发展以及不断完善的过程和结果。指数的构建参考了联合国人类发展指数（Human Development Index，HDI）、中国金融中心指数（China Financial Center Index，CFCI）、《中国城市金融生态环境评价》等同类权威指数及报告。在设计指标体系时，基于系统性、科学性、可比性原则，既考虑了金融生态构成的理论要素，又兼顾了金融生态评价指标的代表性以及指标数据的可得性。

2. 指数构建体系

县域综合金融生态指数的指标体系从生态主体成长性、生态服务普惠性、生态基础稳定性、生态模式创新性和生态关系可持续性等5个方面测度了区县金融生态的综合发展水平，其中包括5个一级指标、12个二级指标和37个三级指标，详见图7－1、表7－1。

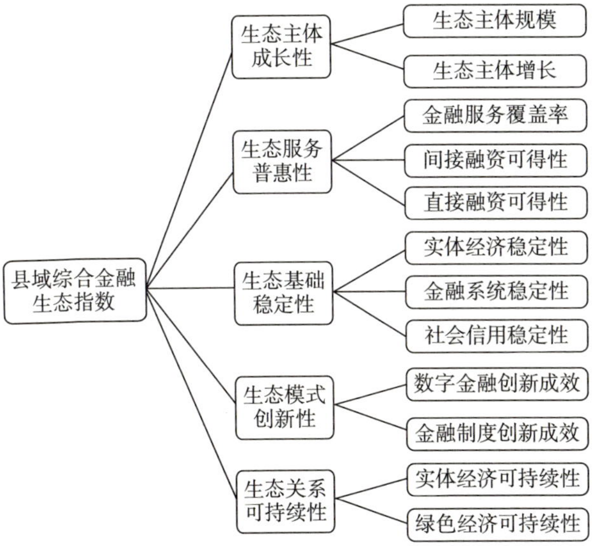

图7－1　县域综合金融生态指数指标体系结构

表7－1　县域综合金融生态指数指标体系

编号	一级指标	编号	二级指标	编号	三级指标
1	生态主体成长性	1	生态主体规模	1	各类金融机构数量
				2	市场主体数量（企业及个体工商户）
				3	上市公司数量
		2	生态主体增长	4	市场主体累计增速
				5	上市公司数量累计增速

续表

编号	一级指标	编号	二级指标	编号	三级指标
2	生态服务普惠性	3	金融服务覆盖率	6	金融机构网点的街道村镇覆盖率
		4	间接融资可得性	7	居民短期贷款规模
				8	居民中长期贷款规模
				9	企业短期贷款规模
				10	企业中长期贷款规模
		5	直接融资可得性	11	当地企业发债规模
				12	区域股权投资及并购交易金额
3	生态基础稳定性	6	实体经济稳定性	13	GDP 增速
				14	地方财政总收入增速
				15	规模以上工业企业利润总额增速
				16	人均可支配收入增速
				17	区域存款增速
		7	金融系统稳定性	18	金融业增加值增速
				19	不良贷款率
				20	规模以上企业偿债能力
		8	社会信用稳定性	21	严重失信企业数量占比
				22	城投债主体评分
				23	电信网络金融反诈防控水平
4	生态模式创新性	9	数字金融创新成效	24	区域数字化平台融资总额
				25	区域数字化平台融资利率优惠程度
				26	区域数字化平台授信企业数量
		10	金融制度创新成效	27	金融顾问团队融资服务涉及金额
				28	金融顾问团队服务企业数量
5	生态关系可持续性	11	实体经济可持续性	29	GDP 增速/信贷增速
				30	GDP 增速/投资增速
				31	居民消费信贷比
				32	企业利润信贷比
				33	政府收入信贷比

续表

编号	一级指标	编号	二级指标	编号	三级指标
5	生态关系可持续性	12	绿色经济可持续性	34	产业增加值能耗效率
				35	社会消费发展能耗效率
				36	政府财政收入能耗效率
				37	企业营业收入能耗效率

3. 指数测算方法

在确定指数的指标体系后，根据数量型指数的编制方法，主要按照消除量纲的标准化处理、确定指标权重、确定基准期和初始值、消除季节因素影响和加权计算的步骤进行计算，最终得出不同报告期相应的指数值，具体计算方法如下。

（1）标准化处理

由于各指标的计量单位不同，必须先消除各类指标的量纲，统一进行标准化处理。参与指数计算的包含主体数量、金融服务量、增长水平等多类指标，可以通过衡量增速、差分或者归一化处理等方式使各类指标形成统一的度量方式。

（2）确定指标权重

采用主客观相结合的方式确认各项指标权重。先按照重要性原则，采用专家打分形式对不同层级的指标分别进行打分，然后根据打分情况结合主成分分析法等统计模型计算各指标的权重，以此作为构成指数的权重依据。指数权重可以定期根据实际情况的变化进行调整。

（3）确定基准期和初始值

指数编制需要选择参考的起始时间和初始值，当前临平区成立时间较短，示范区工作起步不久，缺乏可供参考的历史数据，因此对各项指标进行逐一排查，最终根据各类指标的可得性确定基准期和初始值，在此过程中需要防止初始水平过高或者过低影响指数未来的可比性。

（4）消除季节因素影响

经济金融数据通常容易受到季节因素影响，产生周期性的偏差，因此需要重点对存在周期特征的数据进行季节性调整。

（5）加权计算

在完成指标的各项处理后，参考通过加权计算得到报告期的指数值：

$$报告期指数 = GEO\sum_{i=1}^{i} \omega_i \times 标准化指标\ i$$

指数测算结果

以临平区为例，根据上述方法进行测算后，报告分别对临平区综合金融生态指数及其包含的生态主体成长性、生态服务普惠性、生态基础稳定性、生态模式创新性和生态关系可持续性 5 个一级指标测度结果进行具体说明。

1. 临平区综合金融生态指数总体测算情况

自 2022 年以来，临平区综合金融生态指数得分实现持续上升，从 2022 年第一季度的 102.1 提高到了 2023 年第四季度的 114.1，累计上升 11.75%（见图 7－2）。在这一时期，临平金融生态实现了各类主体的不断壮大、金融服务深度的不断拓展、生态基础的不断夯实、生态模式的创新提升和生态关系的持续改进。其中，生态主体成长性、生态模式创新性和生态关系可持续性为指数的增长作出了主要贡献（见表7－2）。

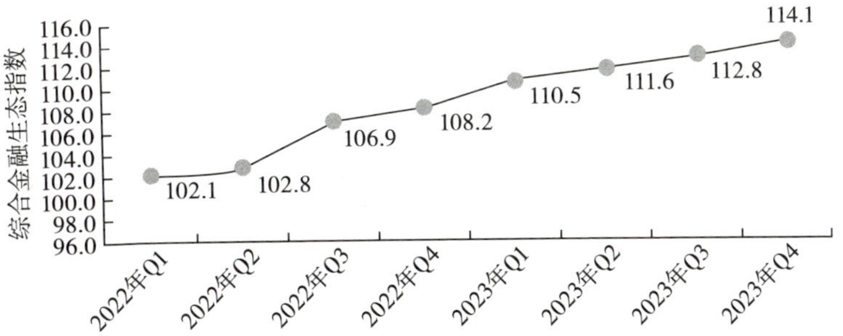

图7－2　临平区综合金融生态指数测算结果

注：Q1表示第一季度，Q2表示第二季度，Q3表示第三季度，Q4表示第四季度，下同。

表7－2　临平区综合金融生态指数一级指标评分

季度	生态主体成长性	生态服务普惠性	生态基础稳定性	生态模式创新性	生态关系可持续性
2022年第一季度	106.8	114.3	96.1	105.8	89.5
2022年第二季度	108.7	114.7	95.9	104.7	91.6
2022年第三季度	110.5	117.5	97.2	112.3	98.4
2022年第四季度	112.3	118.0	98.2	116.0	97.9
2023年第一季度	114.0	120.3	100.4	121.3	98.7
2023年第二季度	114.3	121.9	102.4	123.9	97.7
2023年第三季度	119.7	122.2	102.3	125.9	96.8
2023年第四季度	121.0	122.9	102.4	128.0	99.3
累计得分增幅（%）	13.3	7.5	6.6	21.0	10.9

2. 生态主体成长趋势向好，各类主体规模持续扩大

以政府、企业、居民、金融机构为代表的金融生态主体是构筑金融生态体系的基石，不同类型主体间相互协作、相互促进，实现金融生态健康

发展。对生态主体成长性的评价重点测度了临平当地生态主体规模的绝对水平和生态主体规模的增长速度。

如图 7 – 3 所示，临平区生态主体成长性指数从 2022 年第一季度的 106.8 增长到 2023 年第四季度的 121.0，增幅为 13.3%。总体来看，临平区生态主体成长性指数增长表现良好，在原有基础上保持了正增长。其中，临平区市场主体、上市公司、金融机构数量持续增长，带动生态主体成长指数正向增长。2023 年第四季度，临平区市场主体超过 14.0 万家，辖内上市公司数量和各类金融机构数量也始终保持稳步增加的节奏。金融生态主体的不断发展壮大依靠当地营商环境的改善、信用环境的提升、不同主体间联动机制的优化。未来，在贯彻三个"一号工程"的过程中，临平区有望在生态主体成长性上取得进一步的发展提升。

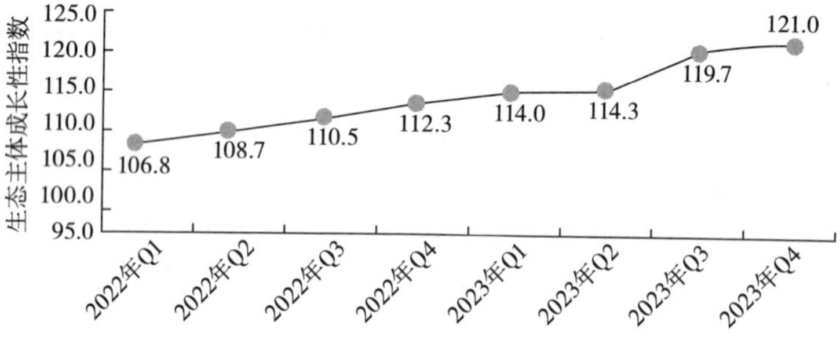

图 7 – 3　临平区生态主体成长性指数得分变化

3. 生态服务普惠性持续深化，金融服务可得性不断提升

生态服务普惠性指数重点衡量了临平区各类金融服务的覆盖率和可得性。近年来，我国金融生态的服务深度持续拓展、可得性明显提升。在新形势下，以银行和非银机构为代表的金融服务基础建设需要向区县、村镇进一步渗透、普及，使直接融资和间接融资等综合金融服务的可得性不断提升。

在这方面，临平区表现出良好的发展态势，2023 年第四季度，临平区金融生态服务普惠性指数得分为 122.9，较 2022 年第一季度增长 7.5%（见图 7 – 4）。其中，金融服务的覆盖程度不断深化，直接融资、间接融资规模实现良好的正增长，为指数的提升作出了积极贡献。直接融资服务方面，辖区内企业的债券发行余额、股权投资和并购交易金额不断增长；间接融资服务方面，辖内居民、企业融资规模同比正增长，普惠小微贷款、涉农贷款规模保持较快增长，显著高于全区总贷款增速。受到房地产市场景气度的影响，居民中长期贷款增速略有放缓，但相比同类区县仍处于较高水平。总体而言，上述多维度的金融服务渗透和触达，显著提升了临平区金融生态服务普惠性的得分。

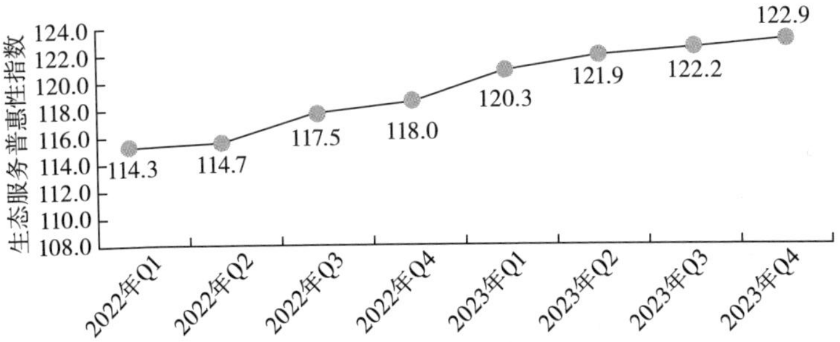

图 7 – 4　临平区生态服务普惠性指数得分变化

4. 金融生态基础逐步完善，产业结构优化仍有空间

金融生态基础的稳定是保障县域金融高质量发展的必要前提，也是确保金融与实体经济之间形成良性互动的重要支撑。在实现县域金融生态的良性发展过程中，实体经济稳定是基础，金融系统稳定是关键，社会信用稳定是保障，三者相互协同，共同构成了县域金融安全与发展的统一体。

自 2022 年以来，临平区金融生态基础呈现逐步恢复的态势，2023 年第四季度生态基础稳定性指数得分为 102.4，较 2022 年第一季度增长 6.6%（见图 7－5）。指数的增长涉及产业结构优化发展、主体收入水平提升、金融资产质量改善、社会信用水平提升等多个方面。

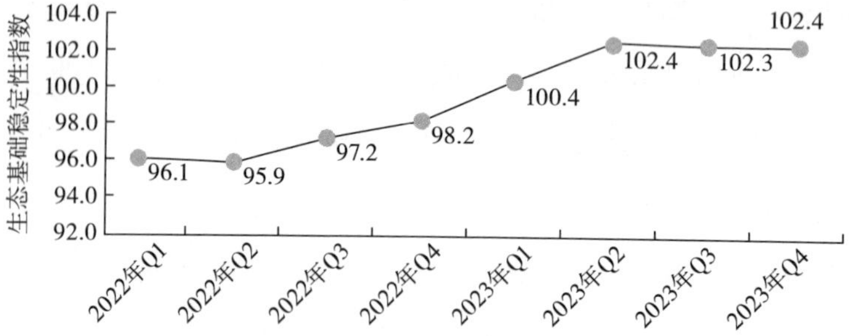

图 7－5　临平区生态基础稳定性指数得分变化

从县域经济基础来看，临平区各项指标在当前宏观背景下表现出稳中有进的特点，政府财政收入、企业利润增长水平同比不断提升；人均可支配收入、住宿餐饮和交通运输等服务性行业营业收入等指标呈现出转好迹象，推动经济复苏的动能逐步积累。良好的经济基础和金融生态相互促进，形成社会经济发展的良性循环，在示范区建设的推动下，2023 年，临平区实现 GDP 1067.27 亿元，增长 6%，其中金融业增加值占 GDP 的比重达到 10.9%，对 GDP 的增长贡献 1.2 个百分点。

从金融系统的稳定性来看，临平区辖内商业银行的不良贷款率呈现逐年下降趋势，金融资产质量保持稳中向好的态势，风险抵御能力不断增强。同时，临平区的企业偿债能力仍然有进一步提升的空间，这主要与当地的产业结构和行业结构高度相关（临平区第二产业的占比显著高于杭州市的平均水平，其中机械装备制造等行业的经营杠杆率相对较高），因此在面对宏观经济不确定性和国际贸易供需调整时，潜在风险可能被放大。对此，区政府主动作为，积极构建形成了“政府部门＋金融顾问”的工作机制，以解决政府金融管理从专业到职业的问题。比如，围绕区县对金融风险“有什么、有多大”不清晰的问题，临平区发挥这套工作机制优势，首创金融体检报告制度，分析政府、金融机构、企业和居民4个维度，形成首份金融运行质量体检报告；围绕区县对金融风控“抓什么、怎么抓”的问题，探索制定县域金融防控指南，打造浙江省首个“企业风险早知道”平台，不断厘清区县平台公司运作过程中的风险，对提升当地金融生态的稳定性起到了积极作用。

从信用环境的角度来看，临平区始终保持健康积极的发展势头。一方面，辖内企业的整体信用始终保持良好。根据浙江省市场监督管理局的数据，临平区失信企业和异常经营企业在整个辖区内的占比不到5‰，失信企业占比显著低于省内平均水平，整体信用水平与同类区县相比处于领先地位。另一方面，从公开市场的债券评级来看，临平区城投债主体的综合评分高达9.31分（满分10分），在同类可比区县中处于较高水平，反映了市场对临平地方政府债务风险相对较低、政府信用良好的基本判断。

在金融生态基础不断夯实的过程中，临平区如能进一步充分把握并最大限度发挥自身比较优势，巩固自身的经济发展基础，及时准确地检测和识别地方经济发展中潜在的风险，全面提升政府、企业、居民的金融意识，持续增强社会综合实力的发展动能，区金融生态的活力、潜力将进一步得以释放，并将为激发更多的金融供给与需求提供良好基础。

5. 生态模式创新积极作为，各项举措成效显著

金融生态模式的创新是优化资源配置、提高金融服务实体经济质效的核心动力。当前，金融生态模式的创新主要包含以数字化为代表的技术创新和金融服务体系的制度创新两大方面。一方面，加强数字金融的发展和

金融科技的运用，将有助于重塑要素配置路径，引导金融资源高效触达，有力惠及处于市场弱势地位的中小微企业；另一方面，推动金融服务体系的制度创新，将有助于重塑主体对话模式，助力金融供需各方精准对接，催生金融服务模式不断向“主动精准服务”转变。

自2022年以来，临平区金融生态模式创新性指数实现了显著上升，2023年第四季度较2022年第一季度增长21.0%（见图7－6）。其中数字化创新和金融制度创新带动融资规模增长及服务成效的彰显，为指数的提升作出了积极贡献。

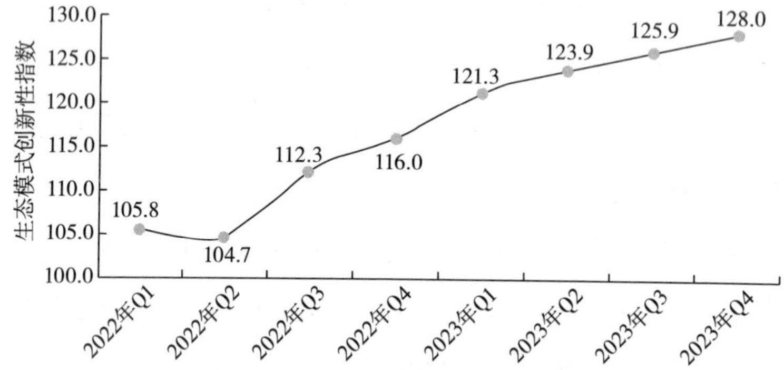

图7－6 临平区生态模式创新性指数得分变化

在数字化创新领域，辖内以“金服宝·小微”为代表的数字化综合服务平台覆盖辖内小微企业用户3.1万家，应用大数据、人工智能、区块链等技术手段，提供“融资、融智、融服务”专业性功能，仅在小微企业融资方面，就为近5500家当地小微企业提供贷款支持超7.4亿元，为促进小微企业综合成本迭代下降提供了全场景的综合服务体系。在金融制度创新方面，以各级金融顾问领衔的综合金融服务创新在临平综合金融服务示范区累计撮合各类项目融资超80亿元，促成直接融资规模超40亿元，充分体现了由制度创新带来的金融动能和成效。

总体而言，临平区在金融生态模式创新方面取得了显著突破，通过数字化创新和制度创新优化了资源配置，提高了金融服务实体经济的效能，保持金融生态模式创新的迭代完善将对县域经济的高质量发展起到持续的促进作用。

6. 可持续发展趋势向好，绿色经济转型初见成效

金融生态可持续性的提升源自政府、企业、居民、金融机构等各类主体可持续发展意识的不断增强，离不开金融产业性和功能性的协调发展。关于金融生态关系可持续性的评价强调金融资源的永续利用和金融生态环境的保护与维持，辖内各类主体承担的债务可持续性以及绿色经济发展的可持续性是衡量当地金融生态关系的重要指标。2022 年以来，临平区金融生态关系可持续性指数得分呈震荡上行的趋势。如图 7 –7 所示，该维度指数得分从 2022 年第一季度的 89. 5 持续提高至 2023 年第四季度的 99. 3，增长 10. 9%，主要得益于绿色经济发展水平的提升。

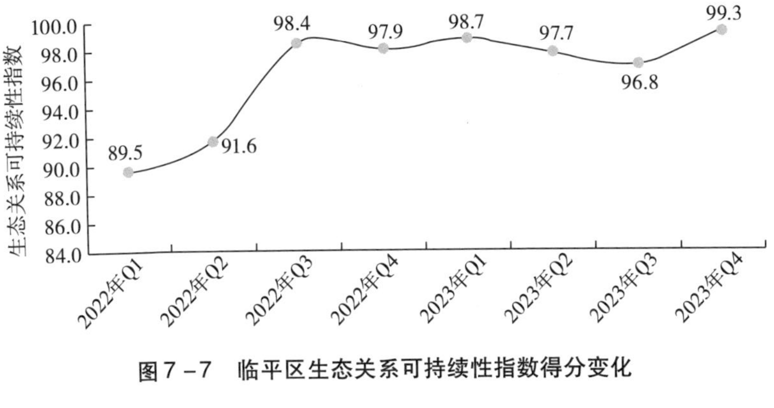

图 7 –7　临平区生态关系可持续性指数得分变化

从金融资源推动实体经济发展的可持续性角度来看，在宏观经济增速相对放缓的大背景下，依靠债务拉动经济发展的边际效果呈现逐渐减弱的态势，各类主体的债务可持续性也需要引起关注。在此方面，临平区相对

处于较高水平，但仍有一定的提升空间。具体而言，临平区的 GDP 增速与信贷增速的比值总体呈现弱复苏的态势，与宏观经济变化情况基本一致；社会消费总额与债务增速的比值震荡上行，将就业、居住和消费进行更加紧密的连接，未来临平区在该项指标上将能激发出较大的发展潜力；企业利润与债务增速相比仍然处于历史上的相对较低水平，随着经济运行的逐步复苏，这一指标也有望走出企稳回升的态势，从而进一步对当地财政的健康状况产生积极作用。

从绿色经济发展的角度来看，临平区表现出良好的发展趋势。这得益于产业结构的优化升级，辖区内产业增加值、企业创收、政府财政收入等方面的能耗效率均呈现上升趋势，在应对环境挑战和推动可持续发展的关键路径上作出了积极的贡献。

县域综合金融生态建设评价建议

县域综合金融生态指数是评价县域综合金融生态建设目标、路径、举措有效性和准确性的重要抓手，也是县域综合金融生态建设复制推广过程中不可或缺的关键指引。一方面，指数为县域综合金融生态质量提供了评价标准。指数从生态主体成长性、生态服务普惠性、生态基础稳定性、生态模式创新性、生态关系可持续性等五大向度攫取指标，综合分析区域金融供给的深度、精度和普惠度。指标选择具有普适性、指标数据具有可得性、指标模型具有科学性，对评价区县的金融生态趋势、金融生态基础、金融运行质量都具有较高的参考价值，是区域综合金融生态的体温计、度量衡。另一方面，指数为县域综合金融生态优化提供了方向指引。评价不是目的，而是改进和提升的基础。指数既是从金融看社会，也是从社会看金融，由此及彼、由表及里，让地方政府对区域综合金融发展状况做到一目了然，对本地在浙江省乃至全国金融发展中的位置做到心中有数，对消除金融风险隐患、优化金融供给做到有的放矢，充分体现了金融的社会价值，是县域综合金融生态优化的导航仪、指南针。结合县域综合金融生态指数测算结果来看，今后一段时间，县域金融生态发展过程中有以下几个方面需要重点关注。

一要不断增强金融生态的活力和韧性，持续提升金融服务实体经济的能力。在中央对金融工作政治性、人民性的指导要求下，县域金融生态的发展要立足地方经济金融特色，坚持深化发展地区金融市场，按照“迭代、丰富、放大”的思路，做好科技金融、绿色金融、普惠金融、养老金融、数字金融“五篇大文章”。充分利用数字经济的比较优势，积极发挥金融顾问制度等体制机制创新优势，提高金融机构及金融服务的丰富性、普惠性，持续壮大区域资本市场实力，加强县域层面经济金融的法治建设和金融素养的教育提升，在平衡好创新与风险、开放与安全的关系中促进地方金融生态不断成长壮大。

二要树立“金融向善”的生态发展理念，不断促进金融社会价值和经济价值的统一。以浙江县域为例，金融生态的发展要围绕政府、企业、居民三大主体，基于“金融生态优质区”和三个“一号工程”的建设目标，不断提升综合金融服务能力，以“金服宝·小微”等数字化创新工具和金融顾问创新制度等一系列创新举措，助力各类金融生态主体的健康成长。在当前国内经济弱复苏的背景下，各级地方政府应当配合中央部委密集出台的各项经济金融政策同向发力，制定符合自身发展定位的配套措施，鼓励当地金融机构践行“金融向善”理念，落实金融服务实体经济的功能性特征，促进地方金融生态环境的高质量发展。

三要立足县域基层治理实际需求，持续探索适应区县金融管理体制改革和创新。深入探索党建统领下“政府部门+金融顾问”的工作模式，在解决机构改革后区县一级金融工作力量特别是专业力量不足问题的同时，通过探索建立金融工作综合党委等形式，在党的领导下将区域内金融顾问这支队伍用好。依托金融机构日常数据，聚焦大企业外溢性风险、涉众型中小微企业资金安全和成长型企业壮大的融资需求，进一步深化“企业风险早知道”等类似具有针对性的地方特色金融工作配套措施，通过“风险提前预警+服务超前跟进”，进一步提升区县一级社会治理、金融治理的综合水平。

四要统筹好防风险和促发展之间的平衡，以金融力量持续助力经济回升向好。面对当前全球政治经济的高度不确定性，国内外宏观环境变化对地方经济的发展存在溢出效应，潜在风险不容忽视，尤其是一些地区具有外向型经济和“地瓜经济”的特征，其自身经济发展与国内外宏观环境变化高度相关。通过以临平为代表的县域综合金融生态指数测算，我们观察到以制造业为代表的实体经济基础仍需进一步巩固，第二产业增速以及规模以上工业企业的经营状况还未恢复到疫情之前的水平。在此背景下，要进一步发挥好金融顾问的制度创新优势和示范作用，鼓励金融专业机构和专业人士肩负起地方政府的“金融子弟兵”、企业的“金融家庭医生”、居民的“金融理财咨询师”等社会责任，建立健全县域金融运行体检机制和风险防控机制，保障县域金融生态的可持续发展，为浙江经济的高质量发展作出积极贡献。

第八章

县域综合金融生态建设推广价值

县域综合金融生态建设始终以“善本金融”理念为引领，坚持金融功能第一性，基于金融社会价值推动金融服务县域的功能性发挥，以浙江省首创的金融顾问制度为核心支撑，坚持目标和问题导向，围绕“政府平台健康运营、企业成本迭代下降、社会金融意识整体提升”三个目标，主要从政府端、企业端、社会端三个主体向度优化县域综合金融生态，并在全国复制推广，构建了区县综合金融生态建设的“四梁八柱”，形成了各大金融机构、中介服务机构各展所长、各尽其职、各显所能的良好氛围，深刻诠释了探索优质金融生态的价值和成果。

建立县域原生信用基础

社会信用体系的建立和完善是我国社会主义市场经济不断走向成熟的重要标志之一。在县域，良好的原生信用基础在提高资源配置效率、降低交易成本、防范化解风险等方面起到了重要作用，为提升经济体系整体效能、促进形成新发展格局提供了支撑保障。县域综合金融生态建设从县域实际需求出发，解决制约经济社会运行的难点、堵点、痛点问题，切实保护了各类主体合法权益，连通金融服务的最初一公里和最后一公里。

1. 金融生态环境明显改善

县域综合金融生态建设在金融风险防范化解、产业发展、小微普惠金融服务、投资者教育以及金融助力乡村振兴共同富裕等方面进行了有益探索，推动金融服务高质量发展体系化运行。金融机构在县域金融服务中的信息不对称状况得到有效改善，金融资源的覆盖程度和配置效率大大提高，在金融服务实体经济提质增效的同时，助推了金融行业自身实现高质量发展。围绕市场经济运行各领域各环节，各类参与市场活动的企业、个体工商户、社会组织、机关事业单位以及自然人等主体信用建设得到加强，营商环境显著优化，吸引更多市场主体和金融资源进入县域。随着金融知识的广泛普及，居民对金融产品和服务的认识不断加深，金融市场参与度提高，金融风险意识不断增强，家庭抗风险能力也相应提高。

2. 信用文化得以建立

县域综合金融生态建设高度重视信用文化建设，中国自古就有信名、信事、信义、信用的文化传统。这种朴素的传统文化在县域保存得相对比较完整，其中信名是珍惜名誉，信事是相信未来预期，信义是坚持道义，信用是诚信赋能。县域综合金融生态建设发挥当地政府和金服会等社会团体、行业协会作用，大力弘扬社会主义核心价值观和中华优秀传统文化，通过引导行业协会、商会加强诚信自律，支持新闻媒体开展诚信宣传和舆论监督，鼓励社会公众积极参与诚信建设活动等，规范市场主体行为、保障居民合法权益、维护公平交易环境，推动形成崇尚诚信、践行诚信的良好风尚。

促进金融资源均衡配置

县域经济普遍具有规模小、数量多、分布散等特点。一方面，县域市场主体相对分散，导致金融机构收集其金融需求的成本相对较高；另一方面，大量中小企业和个体工商户等潜在需要金融服务的主体，由于自身实力较弱、抵质押物较少等，不太符合传统银行的风险评估资质要求。因此，县域金融服务的覆盖面和深度均不充分，普惠性不足、均衡性不够。

县域综合金融生态建设跳出金融看金融，从社会看金融，着力解决县域内金融服务的信息不对称问题，既满足基础性、保障性金融供给，也提升重点领域的金融供给质量，促进金融资源在县域的均衡配置。

1. 基础性和保障性金融供给得到满足

在县域综合金融生态建设中，各家机构派出专业金融顾问深耕当地，全面下沉金融服务，了解县域企业、居民的实际金融需求，提升金融服务的可获得性。如深入开展“走千家、访万户”活动，全面推进“普惠金融”客户信息采集工作，及时告知农户授信的额度、利率及信用等级。创新推出“整村授信、集中办贷”业务模式，在各自然村设立集中签约点开展批量办贷，现场签订合同和发放小额贷款卡，提供送贷上门服务。同时，开发“金服宝·小微”数字化平台，嵌入地方政府政务服务平台，集成金融、财税、人力、法制等40余家优质第三方服务商，企业主可随时在线发布企业运营相关需求并及时得到响应，为小微企业降低运营成本提供了可选项。

2. 重点领域金融供给质量得到提升

由于地理位置、自然条件、历史文化等因素的不同，各个县域经济发展往往会形成独具地方特色的重点领域，成为县域经济的重要组成部分。这些重点领域的企业首先成为县域金融机构争相服务的对象，也不免存在过度融资或投资不当的现象。县域综合金融生态建设不以金融的盈利性为第一目标，从功能性出发，针对县域的重点领域、重点产业提供企业真正需要的服务，提升金融供给的质量。如深入调研贵州仁怀地区酱酒产业链，构建酱酒行业的立体服务模式，以供应链场景为主要抓手，分四个段位服务客户：围绕大型酒企（如茅台及其子公司、习酒、国台、珍酒、钓鱼台酒、酱酒集团等），重点开展供应链业务；围绕大中型酒企（如糊涂酒业、无忧酒业、衡昌烧坊、民族酒业等），重点开展茅台镇核心产区土地厂房抵押贷款业务；围绕中小型酒企，重点开展“基酒质押 + 回购”业务；围绕小微酒企，重点开展排污白条业务。

助力新质生产力发展

2024 年 1 月，习近平总书记在中共中央政治局第十一次集体学习时强调，发展新质生产力是推动高质量发展的内在要求。县域综合金融生态建设立足县域产业发展实际，在服务传统产业提质升维和新兴产业培育赋能方面发挥了重要作用。

1. 支柱型产业提质升维得到长期资金支持

县域传统产业占比较大，传统产业的提质升维是一个长期的过程，尤其是支柱型产业的转型升级需要保持与原有发展模式一致的“惯性”，以平滑过渡特殊转型时期。在这个渐进过程中，需要长期资金投入，县域综合金融生态建设坚持从金融的社会价值出发，一方面平衡好短期盈利和长期投资之间的关系，强化长期资金供给，为传统产业提质升维提供驱动引擎；另一方面积极发展风险投资，做优耐心资本。另外，在国家产融合作平台、工业企业技术改造升级导向计划等政策引领下，加大对传统制造业转型升级信贷支持，同时利用再贷款，为传统制造业转型升级重点项目提供优惠利率资金支持。

2. 企业科技创新跑出加速度

科技型企业普遍具有轻资产、高风险、长周期等特点，在县域综合金融生态建设中，引导金融机构放宽科技型企业准入标准，突破传统信贷对企业营业收入、利润等财务指标的硬性要求，加大核心人才、研发投入、技术专利等指标的权重，推动企业评价由“看历史”向“望未来”转变。同时，深入分析科技型企业全生命周期金融服务需求，结合企业初创、取得订单、引入创投、跨境需求、流动性服务、拿地买楼、启动股改、上市排队、高管资金管理、IPO上市等金融服务场景，焕能全生命周期产品体系，系统性精准适配科技型企业在不同发展阶段的不同金融需求，以全图景服务方案支撑企业创新能力提升，帮助企业消除从初创期到成熟期不同发展阶段的“成长烦恼”，以满足企业科技创新不同阶段的多元化金融需求。

3. 新质生产力发展生态圈初步形成

传统产业提质升维和新兴产业培育赋能是一项复杂的系统性工程，单一金融机构的专项服务难以与其需求完全匹配，这对跨越牌照约束的综合金融生态服务提出了新要求。县域综合金融生态建设充分发挥金融顾问制度优势，强化金融的综合服务，以一揽子专业化、陪伴式、嵌入式的金融服务，帮助企业有效配置资源。例如，金融机构和优质创投联动试点撮合服务，帮助企业对接股权投资；对接高校创新创业研究院、政府技术研究院等特色平台，以及各类高科技产业园区，以平台助力科技型企业引入新人才、新技术等要素；与高校、研究院所强化合作，构建产学研投生态圈，积极承担起人才的“引、育、留、用”社会责任，更好地帮助高层次人才找到适合创新创业的区域，也更精准地助力地方政府定位人才金融生态发展方向，提升人才金融服务精准度。

提升地方生态之“水”与金融之“鱼”的依存度

一直以来，地方政府与金融机构都保持着紧密的相互依存和互相影响的关系。一方面，在地方政府的治理下，整个县域的政治、经济、文化、法治等基本环境要素形成了金融发展的外部环境；另一方面，金融机构发挥资源配置、风险管理等功能，对县域整体环境同样起到不可忽视的作用。县域综合金融生态建设发挥金融的社会价值，赋能政府社会治理，改善了金融机构与地方政府的依存关系，这将成为一个长期坚持、动态完善的过程。

1. 以地方生态之“水”滋养金融之“鱼”

县域综合金融生态建设以政府为主导，根据县域的经济发展目标和产业结构特点，制定符合本地实际的金融生态建设规划，通过完善县域金融基础设施、建立健全县域信用体系、提高企业和居民的信用意识、培育多元化金融市场主体、加强金融市场的监管、协调金融与实体经济发展、推动产业升级与金融支持协同等举措为金融机构提供了稳定的经营环境，形成社会对金融、金融对生态、生态对企业的良性循环，在社会和经济、金融的大循环中解决金融可持续问题。

2. 以金融之“鱼”净化地方生态之“水”

县域综合金融生态建设以金融机构为主力，联动各相关机构融资、融智、融服务。在经济发展方面，为县域发展提供资金支持，如提供技术改造贷款、并购重组贷款等，促使县域传统产业向高端化、智能化、绿色化转型；通过风险投资、信贷倾斜等方式，引导县域新兴产业发展；提供农业贷款，鼓励发展特色农业、有机农业；为农产品加工企业提供资金，延长农业产业链，提高农产品附加值，推动县域农业向现代化、产业化方向发展等。在社会发展方面，通过支持企业发展增加就业机会；通过为县域的基础设施建设项目提供融资，提升社会公共服务水平；通过实施善本信托工程，拓展金融机构的社会服务功能，促进基层社会自治，赋能企业家财富升维等。在环境与生态方面，通过开展绿色金融业务，如绿色信贷、绿色债券等，鼓励县域企业和项目采用环保技术、发展绿色产业；在信贷审批过程中，将企业的环保绩效作为重要考量因素，引导企业环保行为等。通过金融方式，将金融资源回馈于地方生态建设，促进县域整体社会的稳定、公平、繁荣与可持续发展。

平衡基层社会治理活力与秩序的关系

县域既是我国的基本地理单元，也是中华文明的社会细胞。习近平总书记多次强调，“县一级处在承上启下的关键环节，是发展经济、保障民生、维护稳定、促进国家长治久安的重要基础”，深刻揭示了县域治理在我国社会发展中的重要地位和作用。在现代经济体系中，金融生态建设是县域治理中的关键一环，其通过体制机制创新和数字化技术手段，着力推动县域金融高质量发展，改善了县域综合金融生态主体间的互动关系，缓解了县域金融信息不对称，助力了社会基础单元治理效能的提升，对于推动实现经济高质量发展、人民高品质生活、基层治理现代化，进而推动实现中国式现代化，具有重要的现实意义。

1. 县域综合金融生态建设是健全基层社会多元治理的新动力

近年来，金融支持城乡融合发展的力度持续加大，金融机构在县域社会治理中的作用也日益凸显。金融机构在县域综合金融生态建设的实践中逐渐摸索出一系列颇具特色、成效显著的参与模式，有力推动了基层社会治理水平提升，成为金融机构服务实体经济、赋能区域协调发展的重要抓手。

县域综合金融生态建设使金融深度融入基层社会治理主体的多元化格局，率先解决了“谁来治理”这一基层社会治理中的关键问题。多元化主体合作共治是健全基层社会治理体系的重要路径，强调从“县政村治”到“多元共治”的转变。通过县域综合金融生态建设，金融沟通协调和资源纽带的功能性作用得到充分发挥。一方面，在金融生态建设过程中，县域社会治理的直接参与主体得到了极大丰富。随着县域金融体系的逐渐完善以及普惠金融在特色产业经济领域的快速发展，各类新型产业主体蓬勃发展，数量快速增加，相伴而生的还有以居民、家庭为单位的社会群体，也受益于生态建设得以不断壮大，逐渐成为县域社会治理的重要力量，共同构成了多元发展的治理主体。另一方面，县域社会治理的间接参与主体占比增大。依托“互联网 + 供应链 + 产业”模式，县域产业链上下游企业连接更加紧密，不仅快速融入县域社会治理体系，而且在社会治理中不断发挥更强作用。此外，金融科技的快速发展和公益金融联盟的探索为金融支持公益慈善事业提供了有效途径，公益性社会组织数量显著增加。例如“善本金融”“金服宝·小微”“金融顾问”等各类创新模式都为金融参与县域社会治理提供了充满活力的主体和载体。

同时，县域综合金融生态建设进一步激发党建引领在基层社会多元治理中的积极作用，通过创新推行“金融 + 党建”模式，充分赋能基层党组织在社会治理中的作用发挥，直接增强了金融参与县域社会治理效能。随着县域综合金融生态建设的推广，全国各地结合基层社会治理需求，不断优化金融服务供给，健全自治、法治、德治相结合的治理体系，探索创新“金融 + 党建”的联动治理模式。在实践中，金融参与党建活动，并以党建引领赋能金融的各项社会功能，有效激发了金融机构参与县域社会治理动力。通过搭建党建共建平台，深入发掘机构下沉的价值与优势，建立基层治理的“党建联盟”，为金融参与主要社会治理夯实组织基础。在此基础上，通过设立金融顾问工作室、驻村第一书记、金融村长等方式，推动金融机构、专业人才、资金资源等治理力量入县、下乡、进村，打造政务、金融服务串联基层的县域多元治理新格局。在“金融 + 党建”的联动模式下，县域社会多元化主体之间实现了同频共振，进而有效发挥了金融顾问、金融协理员等专业人员的作用，实现了金融服务对基层区域、主体的全面覆盖，为金融参与支持县域社会治理、促进基层社会多元治理结构完善提供了新动力。

2. 县域综合金融生态建设是激发县域社会活力的催化剂

一个社会的活力不仅是充满生命力状态的展现，也是社会运动与发展的重要推动力量，主要体现在土地、劳动力、资本、技术等生产要素和社会各主体创造力的竞相迸发与充分发挥上，蕴含着社会生活的丰富多样性，表现为人类社会进步的动力与人类文明的可持续性。县域综合金融生态建设正是以自主探索开拓创新为建构取向，通过催化激发人民创造活力、改革创新活力，为中国式现代化建设提供动力支撑，为中国式现代化注入内核动力。

县域综合金融生态建设有助于人民创造活力的激发。党的二十大报告指出，我国必须坚持人民主体地位，“激发人民创造活力”，彰显中国式现代化的人民主体意蕴。金融作为现代经济的核心，是实现社会资源配置的关键手段，对激发以县域为代表的基层社会活力具有强大的激励作用，是推动我国基层社会各项改革相互促进、良性互动、协同配合的信息中介、资源中介、信用中介。因此，金融只有置身社会整体生态建设的系统工程来看待金融体制改革和金融功能发挥，才能符合中国式现代化的要求。县域综合金融生态建设的一系列实践已经表明，充分调动政府、企业、居民和金融机构等各类社会主体、金融主体的积极性、主动性、创造性，让创新创造的活力充分涌流、竞相迸发，是不断攻克难题、实现创新突破的重要途径。也正是在生态建设过程中，县域社会不同阶层、不同群体的社会成员的活力和能动性得到调动，各个阶层群体的优势得到充分发挥，为构建良性的社会秩序提供了更为坚实的物质基础和更为主动的精神力量。

县域综合金融生态建设有助于改革创新活力的激发。改革创新活力是社会主体在变革不适应生产力发展要求的生产关系和上层建筑，以及创造出新事物与新思想的过程中所展现出来的生机，是生产力发展水平的重要标志。县域综合金融生态建设始于临平综合金融服务示范区的探索与实践，既是对以往县域金融生态的一次修正变革，也是对我国传统金融暴露的弊端所展开的一次扬弃，更是解放和发展县域社会生产力的重要途径。

一方面，县域综合金融生态建设通过构建系统、全面、多元的金融服务体系，增强了改革在驱动经济社会发展中的动力作用，推动了有效市场和有为政府的有机结合，促进了市场在资源配置中的决定性作用，激发了县域经济发展活力；另一方面，县域综合金融生态建设通过普惠金融、科技金融、链式金融，推动金融服务创新突破原有体制机制障碍，使全要素生产率得到提升、产业结构不断优化、需求结构不断改善，助力中国式现代化逐步从粗放走向内涵、从局部走向全面。

3. 县域综合金融生态建设是构建良好社会秩序的压舱石

社会治理现代化不仅需要将活力作为社会前进的动力机制，还需要将秩序作为社会发展的平衡机制，实现活力与秩序的动态均衡。秩序是社会有条不紊的约束力，体现在政府、企事业单位、社会组织、居民个人通过法律、制度和道德对社会活动进行必要的规范、监管、调控与自我管理等。实践表明，县域综合金融生态建设是构建基层社会秩序不可或缺的一环，其在推动经济发展安全有序、社会治理和谐有序方面充分发挥擎旗作用，通过改善金融生态导正社会秩序，在化解社会矛盾、平衡社会冲突、保障基层社会稳定运行中，有力彰显了中国式现代化的人民性特质。

县域综合金融生态建设有助于实现经济发展的安全有序。纵观历史发展，安全有序的经济发展是保障和改善民生的物质基础，也是我国在新发展阶段实现人民对美好生活向往的物质前提。党的二十届三中全会提出，“聚焦建设更高水平平安中国，健全国家安全体系，强化一体化国家战略体系，增强维护国家安全能力，创新社会治理体制机制和手段，有效构建新安全格局”。县域综合金融生态建设的实践创新构建了系统、全面的金融风险防控措施，有效提升了地方政府、企业和居民在面对债务风险、信用风险时的防范意识，丰富了各类主体多元化、全方位的风险防控手段；切实营造了高质量发展的营商环境，为增强县域经济发展优势、提升县域产业链供应链韧性、推动共同富裕示范区建设奠定了坚实基础。

县域综合金融生态建设有助于实现社会治理的和谐有序。在党的十八届三中全会首次提出“国家治理体系和治理能力现代化”后，社会治理体系持续创新完善，制度化、法治化和民主化在社会治理中不断推进，而县域综合金融生态建设的内核与此一脉相承。其以金融顾问队伍融入地方金融治理，弥补了体制改革下区县政府金融专业力量薄弱的不足，充实了县域自治的多元主体；以信用体系建设、金融公益宣传、法律援助支持等手段提升县域法治建设水平；以创新构建善本信用文化、数字信用平台建设提升德治发展水平。实践表明，县域综合金融生态建设促进了政府治理同社会调节、居民自治的良性互动，推动了共建共治共享的社会治理格局形成，是金融参与社会秩序构建可复制、可推广的模式创新。

化解社会资源配置不平衡不充分的症结

2023 年中央金融工作会议后，“八个坚持”、政治性和人民性、金融强国的新定位对中国金融发展提出了新使命和新要求。应当意识到，当前金融资源配置的不平衡不充分已成为我国社会主要矛盾中的突出重点，与人民日益增长的美好生活需要形成了冲突，这种矛盾冲突随着区域行政级别的下沉而不断升级，在县域层面尤为突出。县域综合金融生态建设从“就金融论金融”走向“就社会论金融”，从根本上重塑了金融与社会的关系。其通过建立区域原生的信用体系，构建了健康的区域金融生态和营商环境，精准助力区域内新质生产力发展，提升区域内生活品质，防范区域内金融风险，不断化解在县域层面社会治理中与金融相关的社会矛盾，对完善金融与各类生态主体之间的依存关系、优化基层资源配置起到了积极作用。

一方面，县域综合金融生态建设着力于“创新发展”，通过促进增长模式的转变破解社会资源配置不充分的症结。随着改革开放的持续深入，中国经济增长模式正持续从资源密集型转向技术密集型，这必须借助于全要素生产率的进步跳出以往高消耗、低价值的全球产业链生态位。全要素生产率增长的过程很大程度上依赖金融的支持，在县域层面，金融生态建设的进程推动了全要素生产率在基层社会的增长，加快了金融体制改革对基层社会经济增长方式转变的激励。通过县域综合金融生态建设，当地企业自主创新比重持续增加，研发投入能力不断提升，金融发展、技术创新与县域经济增长相互协同。尤其是在民营经济领域，科技金融、普惠金融的发展不断延伸金融服务深度，营造了更有利于技术创新的金融生态，持续缓解民营企业面临的融资约束问题，推动了高新产业的技术进步，为县域经济的内生增长提供了关键的资源保障。

另一方面，县域综合金融生态建设着力于“共同富裕”，通过完善分配方式化解社会资源配置不平衡的问题。随着中国经济的快速增长，居民生活水平不断提高，但各地区经济发展的速度和各阶层收入增长的速度并不一致，使得居民收入、消费、财富存在一定差距。不患寡而患不均，贫富分化深刻影响着经济发展与社会稳定，随着全球范围内的贫富差距扩大，即使发达国家也普遍面临社会贫富分化导致社会不稳定的“托克维尔难题”。我国在消除贫困、促进共同富裕方面付出了巨大努力，“十三五”时期我国在决胜全面建成小康社会中取得决定性成就，为共同富裕创造了良好条件，县域综合金融生态建设正是实现这一目标的关键切口。

进一步提高居民收入、扩大居民消费的主要空间集中在县域，县域综合金融生态建设在支持就业、帮扶脱困等方面起到重要作用，有利于提升中低收入群体、农村居民的收入水平，扩大中等收入群体的规模，是实现共同富裕的中国式现代化的必然要求。传统金融追求盈利最大化的本性使得中低收入群体等被排斥在金融体系之外，并且通过人力资本投资效应、资本积累涓滴效应等，影响收入分配与收入不平。而县域综合金融生态建设的推进能够扩大金融服务的覆盖面，提高可获得性与可承受性，以此缓解贫困、降低收入分配不平等，是实现社会公平和谐的重要机制。在实践过程中，县域综合金融生态建设可以通过缓解信贷约束提高贫困人群收入、发挥经济增长对贫困人群的“溢出效应”、降低金融服务的“门槛效应”和提升金融服务可得性促进贫困人群改善收入能力等途径缓解社会资源分配不平衡的问题。

县域综合金融生态建设通过提升金融服务可得性、改善使用效用与质量，实现金融资源在不同群体、产业与区域间的优化配置，促进实体经济发展，产生经济推动力。从整体来看，县域综合金融生态建设存在积极的收入效应与增长效应，这主要通过发挥金融功能第一性作用、支持实体经济发展、促进技术创新与全要素生产率进步、提升经济增长的包容性等提高整体收入水平。同时，对各地区居民的收入和消费以及边际消费倾向等均有正向刺激作用，优化了共同富裕的收入分配结构，促进了低物质资本或低社会资本家庭的创业行为实现包容性增长，对防止社会经济发展路径落入过度分化的“中等收入陷阱”具有现实意义。从局部来看，县域综合金融生态建设通过直接与间接效应解决贫困与贫富差距问题，持续助力增加中等收入群体的数量，优化了整个社会的消费结构，提升了经济增长韧性，显著提高了社会经济体系的包容性。

构建中国特色金融文化

当前，世界各国在金融领域的竞争，不只包括金融机构、金融市场、金融基础设施等“硬实力”，更有理念、价值观、行为规范等文化层面的“软实力”。打通金融最后一公里不仅要在物质经济层面有所作为，更要在精神文化层面发扬壮大，习近平总书记在省部级主要领导干部推动金融高质量发展专题研讨班开班式上指出，“推动金融高质量发展、建设金融强国，要坚持法治和德治相结合，积极培育中国特色金融文化”。现代金融学在近代中国的起步是“西学东渐”的结果，借鉴与模仿不可避免，但其发展始终根植于中华民族丰沃的文化土壤。当前我国社会治理重心不断向基层下移，基层治理制度日益完善，基于优良传统文化的自治、法治、德治相结合的县域基层治理体系正在形成。立足经济文化融合发展的时代浪潮之中，县域综合金融生态建设打开了金融社会价值提升和金融文化重塑的空间，通过理念转变、站位提升、模式创新等一系列探索实践，实现了当地金融深度的持续扩大和金融意识的明显提升，为我国金融生态治理和金融文化提升提供了极具价值的标杆样本。

第九章

县域综合金融生态建设发展方向

县域综合金融生态建设打开了金融服务创新、金融服务价值提升的空间。这个空间是金融的最后一公里，也是金融的最大最现实场景，是数字化下金融变革的真正落地，也是实现和衡量金融“五篇大文章”的最重要平台。在中国式现代化下，县域综合金融生态建设是新时代走好中国特色金融发展之路的制度创新和实践创新，打开了金融自身高质量发展和金融服务经济社会高质量发展的大门。未来，面对金融定位站位变局和数字化变局，县域综合金融生态建设需要继续坚持金融的功能性第一位，在促社会治理、促民生发展、促金融创新、促文化培育等方面体现出金融的社会价值。

推进社会信用体系建设，提升社会治理现代化水平

1. 县域综合金融生态建设可以作为社会信用体系建设的试验田

县域综合金融生态建设是促进社会信用体系建设的有效路径，健全社会信用体系是构建高水平社会主义市场经济体制的重要内容。中共中央办公厅、国务院办公厅印发的《关于推进社会信用体系建设高质量发展促进形成新发展格局的意见》指出，完善的社会信用体系是供需有效衔接的重要保障，是资源优化配置的坚实基础，是良好营商环境的重要组成部分，对促进国民经济循环高效畅通、构建新发展格局具有重要意义。良好的社会信用体系包括健全的信用机制、良好的信用环境、坚实的信用基础和有效的信用监管等。而金融以“信用”为立身之本，是社会坚实的信用基础，因而也是社会信用体系不可或缺的重要环节。县域综合金融生态建设在县域生态中更好发挥金融信用的作用，是促进社会信用体系建设的有效路径。这是因为，县域综合金融生态建设是从社会看金融、看经济、看发

展，在一个区域生态中，既依托于政府和社会的综合力量，通过信用理念和方式解决制约经济社会运行的难点堵点痛点问题，从而降低制度性交易成本，有效衔接市场供求；也依托于金融机构信用作用的发挥，通过杠杆和放大作用优化资源配置，并通过金融投教活动等方式提升企业、居民等社会主体的信用意识，助力营商环境优化。

县域综合金融生态建设要以为社会信用体系建设提供赋能为方向。县域是我国经济发展和社会治理的基本单元，县域信用则是整个社会信用的基础，县域信用体系建设好，则全社会信用体系水涨船高，因此，可将县域作为社会信用体系的试验田。在县域内，可以探索创新信用融资产品和服务，通过银行、保险、证券等综合金融服务扩大信用贷款规模，破解小微企业融资难题；可以探索公共信用信息与金融信息的共享整合，推广基于大数据的信用模式；可以充分发挥各类社会主体的信用在金融风险识别、监测、管理等环节的作用，探索建立有效的金融风险防范化解机制；可以创新信用监管，健全信用基础设施，提升县域社会诚信水平。

2. 县域综合金融生态建设可以作为社会治理和金融创新双向奔赴的基地

金融能够改善社会治理。《中共中央关于进一步全面深化改革、推进中国式现代化的决定》提出要创新社会治理体制机制和手段，健全自治、法治、德治相结合的城乡基层治理体系。而金融本身是社会治理的重要组成部分，因此，县域综合金融生态建设也就是社会治理的体制机制创新。在县域内，金融通过发挥功能性作用为社会治理提供了基础设施，尤其通过提供基础性、保障性的普惠金融服务促进社会公平，赋能共建共治共享的社会治理制度，提升社会治理能力，从而推动社会向善、推动社会移风易俗、推动政治经济文化一体化发展。例如，可以用善本信托形式推动慈善发展，增进社会福祉，助力社会和谐，促进社会善治；也可以用金融顾问制度改善社会风气，营造正行向善的社会氛围；还可以通过员工善行，发挥家庭家教家风在基层治理中的作用；等等。

社会综合生态能够反哺金融。良好的社会治理有利于形成良好的社会综合生态，反过来为金融发展提供更好的服务环境。良好的社会综合生态既可以为金融市场培育更多市场主体，为金融活动提供更多的产业场景和消费场景，为金融机构展业培育更大客户群体，也可以改善信息不对称，降低制度性交易成本，提升要素资源配置效率，从而降低发生系统性金融风险的概率。二者相辅相成，为金融创新打开了一扇崭新的大门。

完善县域基本公共服务体系，保障社会民生事业发展

1. 县域综合金融生态建设可以作为完善公共服务体系的创新基地

综合金融生态建设是基本公共服务的重要内涵。党的二十届三中全会指出，“在发展中保障和改善民生是中国式现代化的重大任务”。《中共中央关于进一步全面深化改革、推进中国式现代化的决定》中进一步提出，要聚焦提高人民生活品质，增强基本公共服务均衡性和可及性。金融作为国家牌照资源，提供的服务本身就具有公共品或半公共品特质。因此，优化金融服务本身就是完善基本公共服务的重要内涵和具体体现。在县域内，可以通过金融产品创新，借助数字化手段工具，重点针对居民的金融

服务需求，加大投资者教育和金融消费者教育力度，加大消费金融和普惠金融产品供给，让更多优质金融服务“飞入寻常百姓家”，从而提高居民金融服务的均衡性、可得性和可持续性，满足人民日益增长的金融服务需求，真正体现金融的政治性、人民性和以人民为中心的金融服务理念。

县域综合金融生态建设可以赋能其他基本公共服务提升。金融除了提升自身的公共服务品质，还要平衡好金融的功能性与盈利性的关系，适当弱化金融的短期盈利性，强化金融的长期功能性，尤其坚持金融的功能性第一位，服务好社会公共服务设施建设。例如在县域内，可以综合利用债券、保险、信贷等金融服务方式，加大金融的支持力度，为公共服务建设项目融资提供支持，助力普惠性、基础性、兜底性民生建设，解决好人民最关心、最直接、最现实的利益问题，不断满足人民对美好生活的向往。在县域内，还可以发挥金融的功能性，加大对乡村振兴、优军优抚、医疗保障、教育设施以及慈善等领域的金融支持力度，做好养老金融“大文章”，进一步助力幼有所育、老有所养、病有所医、住有所居、弱有所扶，提高社会整体的基本公共服务品质。

2. 县域综合金融生态建设可以在民生保障中发挥更大作用

县域综合金融生态建设实现了“从金融看金融”向“从社会看金融”的突变。县域是大社会的小缩影、小样本，在县域内，基本公共服务的逐步完善也将为金融发挥更大作用创造良好的社会生态环境。例如，基本公共教育服务供给机制的优化将为金融市场提供一大批高素养的市场主体（如金融从业人员、企业从业人员、个人金融消费者等），基本公共法律服务体系的优化将提升市场主体的法律意识，基本公共文化体系的优化将在熟人世界中提升市场主体诚实守信的道德意识，从而实现金融与市场主体的良性互动，降低金融风险的发生概率，提高金融服务社会的质效。因此，要进一步健全保障和改善民生制度体系，完善收入分配制度，完善养老产业政策，为金融更好服务于社会高质量发展创造良好条件。

强化数字化转型赋能，加快金融服务模式创新升级

1. 县域综合金融生态建设可以作为金融迭代创新的基地

数字化为金融创新和金融高质量发展提供了新的驱动。数字化是新时代面临的最大变局之一。以大数据、云计算、物联网、人工智能等为代表的新一代数字技术革命给经济社会发展的方方面面带来了广泛影响，也深刻改变着金融的逻辑。迭代创新、服务升级既是金融自身高质量发展的内在逻辑，也是金融服务经济社会高质量发展的必然要求。数字化以前所未有的方式加快了金融模式迭代升级的速度，例如从消费互联网金融模式转向产业互联网金融模式仅仅用了数年时间；拓宽了金融服务优化创新的边界，例如数字普惠金融使得传统金融模式下难以覆盖到的社会弱势群体和薄弱环节得以获得充足且优质的金融服务供给；提升了金融要素交互融合的能级，例如低纬度的要素之间简单组合创新被高纬度的具有革命性、颠覆性的创新替代。因此，数字化可以更便利、更高效地实现金融创新模式迭代，走好中国特色金融发展之路。

县域综合金融生态建设能为数字化时代的金融创新提供丰富场景。县域里的市场主体具有多样性特征，既有政府主体，也有金融主体、市场企业主体和社会居民主体；既有代表主要生产力的传统产业，也有代表新质

生产力的新兴产业、未来产业；既有农业，也有工业和服务业；等等。这为数字化的渗透和改造提供了丰富的生态场景，也为数字化下的金融创新提供了多层次的生态群落。在数字化背景下，县域里的传统产业可以更快实现向新质生产力的转型升级，县域的生态多样性也有利于形成“链式生态金融”模式，真正实现金融服务的“端到端”全流程、全周期、全方位，真正实现金融服务从最初一公里向最后一公里的贯通，从而提高金融要素的创新组合效率。

2. 县域综合金融生态建设可以作为数字化转型升级的基地

在数字化下，金融科技驱动正从“银行1.0”迈向“银行4.0”，数字化转型已经成为银行发展范式的主要方向。县域综合金融生态建设可以为银行数字化转型提供数字基础条件可控、金融风险可管、转型成效可视的优良载体。这是因为：一是在县域内政府相关部门之间的沟通难度相对较小，有利于打破“数据烟囱”这一数字化转型的桎梏，为银行转型提供至关重要的数据基础支撑。二是在县域内智能风控模式探索的风险较低，有利于探索新型金融风控模式。依托县域内的政府大数据和产业大脑，既可以推动从过去过度依赖抵质押物的银行风控模式转向大数据风控、依靠社会各种要素把控模式，也可以将潜在风险锁定、阻断在最小范围，降低了数字化转型导致发生系统性金融风险的可能。

金融数字化客观上能够助推产业数字化。在数字化转型已是大势所趋的背景下，建立在数字基础设施上的金融数字化，客观上对产业数字化具有示范效应和引领牵引作用。同时，金融数字化深度切入产业生态之中后，将显著降低产业企业的融资成本和运营成本，能够让企业将更多资金投入数字化改造中，加快企业数字化转型进程。

践行中国特色金融文化，营造县域良好金融文化氛围

1. 县域综合金融生态建设可以作为践行金融文化的县域样板

中国特色金融文化对金融发展提出了新的时代要求。文化是一个国家、一个民族的灵魂。习近平总书记在省部级主要领导干部推动金融高质量发展专题研讨班开班式上强调，“推动金融高质量发展、建设金融强国，要坚持法治和德治相结合，积极培育中国特色金融文化”，并提出了“五要五不”的实践要求。这为整个中国金融高质量发展植入了新的文化基因，也提出了新的时代要求。

县域综合金融生态建设为落实中国特色金融文化要求提供了样板。中国特色金融文化是马克思主义金融理论与中华优秀传统文化相结合的具体体现。县域综合金融生态建设将综合金融服务与县域文化有机结合，可以打造出新时代践行金融文化要求的县域样板。首先，县域文化是我国优秀传统文化的重要组成部分。县域文化是我国历史文化的根脉，也是文化强国的重要载体。“人无信不立”，诚实守信、以义取利的中华优秀传统文化在县域里的熟人世界中展现得最为充分。其次，县域综合金融生态建设将金融服务与县域文化有机结合。县域综合金融生态建设改变了过去信用算法只是经济问题、个人诚信只是社会问题的片面认识，真正将金融与社会诚信程度挂钩，形成可评价、可量化的金融服务评价体系，依靠县域的政府力量和族群认同、熟人链接等综合力量将金融生态打造得越来越好，让金融的现代工具更接地气，真正体现出中国特色金融文化要求，为经济社

会发展提供高质量的金融服务。

2. 县域综合金融生态建设可以作为培育金融文化的县域实践

县域综合金融生态建设可将县域作为培育金融文化的主要阵地。培育金融文化是立体的维度，也是长期的过程。它既包括金融赖以生存和发展的社会的文化建设，也包括金融行业的文化建设，还包括金融机构的文化养成。县域社会的根土文化和人文基因为培育金融文化提供了独特土壤，如“诚实守信”的中国金融文化来源于社会文化。与此同时，随着金融服务下沉，县域里的金融机构种类越来越齐全，县域成为整个金融行业文化的一个缩影，合规文化、风险文化等金融行业自身主流文化在县域能够得到充分展现。

县域综合金融生态建设可将金融“五篇大文章”作为培育金融文化的主要方向。金融文化要在金融实践中得以培育，要在金融服务实体经济过程中得以体现。中央提出做好科技金融、绿色金融、普惠金融、养老金融、数字金融“五篇大文章”，为金融文化培育提供了生动场景。

附　录

附录 1

县域综合金融生态模式创新与实践

——以临平综合金融服务示范区为例[①]

陆建强[②]

县域是我国经济社会发展最重要最基本的单元，也应该是金融服务价值和社会价值体现最重要最基本的基地。在杭州市临平区开展的县域综合金融生态建设，打开了金融服务创新、金融服务价值提升的空间，打通了金融的最后一公里，是金融的最大最现实场景和数字化下金融变革的真正落地，也是实现和衡量金融“五篇大文章”的最重要平台，开启了金融创新的大门。

金融是国民经济的血脉，是国家核心竞争力的重要组成部分。当前，

① 本文摘自《中国银行业》2024 年第 3 期。

② 陆建强：浙商总会金融服务委员会主席，浙商银行党委书记、董事长。

我国金融正面临两大变局。一是金融全面回归服务实体经济本源的定位和站位变局。习近平总书记在中央金融工作会议及省部级主要领导干部推动金融高质量发展专题研讨班开班式上的系列重要讲话精神，对金融工作从初心到使命进行了全面提升，金融强国、金融高质量发展、中国特色金融发展之路等均对金融发展提出了崭新的时代命题。二是数字化变局。以数字技术为核心的新一轮科技革命深刻改变了生产生活方式，也催动了金融变局。这两大变局，一方面要求从更高的社会价值视角来审视金融，另一方面要求从全新的技术和逻辑来重构金融。在此背景下，县域综合金融生态建设探索应运而生。

所谓县域综合金融生态，是指在区县范围内各类金融主体与其赖以生存发展的外部环境之间相互影响、相互作用而形成的动态平衡系统。建设县域综合金融生态的目标是聚焦县域，从金融的社会价值视角出发，基于金融的功能性第一位，以金融的专业化分工向综合化服务转换为切口，依托数字技术，降低各方信息不对称程度，更好衔接有为政府和有效市场，从根本上改变县域内金融机构与地方政府、企业、社会的依存关系，实现金融治理与社会治理的相辅相成，推动我国经济社会高质量发展。

开展县域综合金融生态建设，从金融实现的最后一公里来探索金融服务中国式现代化的路径和方法

县域是我国经济社会发展最重要最基本的单元，也应该是金融的服务价值和社会价值体现最重要最基本的基地。县域是发展经济、保障民生、维护稳定的重要基础，是国家治理的基本单元。自秦汉以来，我国就有“郡县治，天下安”的古训，古代县域自治对于国家稳定和经济社会发展具有基石作用。金融治理是县域治理的重要组成部分，金融治理的基础性、引领性、共享性特征在县域发展中不断显现。尤其是当前，随着我国乡村振兴和城镇化新发展格局的加快构建，县域金融逐渐构成一个完整的生态系统，是最能客观、真实、动态地体现社会整体金融生态变化的“晴雨表”。金融发挥服务功能所必需的要素不断完备，政府风险防控、产业企业融资、居民财富保值增值的金融需求越来越强烈，银行和非银金融机构最基础的金融供给有所保障，可谓“麻雀虽小，五脏俱全”，这为跨越金融供求之间的鸿沟、实现金融的服务价值和社会价值提供了基本土壤与多维高频场景。

我国金融存在的问题在县域里反映得最直接也最全面，以问题为导向的改革最好的切口在县域。金融具有功能性和盈利性双重特征。过去一段时间，过度强调盈利性、弱化功能性，导致金融服务出现了系列问题，金融的均衡性、保障性不够。例如，在企业层面，对好的企业过度服务，对困难企业和小微企业服务不足，对风险企业服务专业性不够；在社会层面，社会生态和社会群体金融意识薄弱，风险防范意识和抗风险能力不足，金融诈骗、金融失信时有发生；在政府层面，一些地方政府对金融发展不够了解，发展导向性金融导致部分地方平台过度杠杆等。这些金融问题在县域都有集中体现。但是，由于盈利性驱动、金融“打猎文化”等多种因素，解决金融问题很少关注到县域，也很少聚焦县域生态，金融不接地气，金融的最后一公里没有做到位。为打通最后一公里，需要在县域内综合利用政府、社会的各种资源来更好地服务企业、居民和政府平台，实现金融服务升维，也避开了过去金融先自己挣钱再赋能实体经济的老路，从而使很多问题迎刃而解，也为金融改革找到了新的突破口。

县域综合金融生态建设既是金融改革的目标指向，更是金融价值提升和实现的重要路径。金融不仅是经济发展的手段，更是社会文明的标志，金融生态反映出一个地方的文明进步水平和金融深化程度。

第一，建设县域综合金融生态是践行金融工作政治性、人民性的再深化。中央金融工作会议要求坚持以人民为中心的价值取向，坚持把金融服务实体经济作为根本宗旨。县域是中小微企业和基层群众聚集的特定区域，是实体经济最敏感的神经末梢。做好普惠金融大文章的真正落地是在县域内，不断满足经济社会发展和人民群众日益增长的金融需求也是在县域内，不断开创新时代金融工作新局面的重点还是在县域内。从这个意义上讲，打造县域综合金融生态，正是践行以人民为中心的发展理念、还原金融服务实体经济本质的真切表现。在县域内可以实现金融与实体经济共成长，形成正向正行的社会生态，培育中国特色金融文化，让金融与党对社会发展、社会治理要求的方向同步。

第二，建设县域综合金融生态是助力金融供给侧结构性改革的再探索。中央金融工作会议指出，“金融服务实体经济的质效不高”，一个重要原因在于金融机构基于牌照约束的专项服务难以满足社会的综合需求。打造县域综合金融生态，融合区内金融机构和社会力量，以“种田式”的综合服务陪伴企业成长，将显著提升金融供给质量。

第三，建设县域综合金融生态是从“就金融论金融”走向“就社会论金融”的再创新。金融的本质是经营风险，诸多金融理论认为，资产质量、标准化的抵质押品是信用评价的主要依据，金融只是覆盖在经济之上的“一层面纱”，从而将金融自身风险与实体经济风险割裂开，将金融自身发展与经济社会发展区别开来，这在本质上是“就金融论金融”的理论逻辑。党的十八大以来，中央多次强调“经济是肌体、金融是血脉，两者共生共荣”，要坚持经济和金融一盘棋思想，就要从根本上解决经济金融风险隐患，而落实中央要求的切口就在县域，因为金融风险的重点在县域，诚信和社会治理最核心的基础单元也在县域。依靠县域里的熟人世界、社会诚信、政府力量等多种要素可以帮助加强风险管控，使金融风险管理从资产把控走向依靠社会各种要素把控，从金融体系自身的风险管理走向金融体系与实体经济的综合风险考量，进而突破传统金融风险理论思维，从“就金融论金融”走向“就社会论金融”，实现金融理论逻辑全新的转变和突破。这也改变了过去信用算法只是经济问题、个人诚信只是社会问题的片面认识，真正将信用风险与社会诚信程度挂钩，形成可评价、可量化的信用体系，依靠县域的综合力量将金融生态打造得越来越好，在县域的社会、经济、金融整体循环中解决金融的可持续性问题，让金融的现代工具更接地气，从而降低全社会的信用成本，从真正意义上疏通资金流入实体经济的渠道，为经济社会发展提供高质量的金融服务。

县域综合金融生态建设的临平实践

县域经济是浙江打造金融生态优质区的重要落脚点，县域富则浙江富，县域强则浙江强。杭州市临平区的多元化生态要素齐全，是浙江县域经济特色发展的一个缩影和样本。在此背景下，2022 年，以浙商银行为主席单位的浙商总会金融服务委员会与杭州市临平区联合试点“临平综合金融服务示范区”建设，以浙江首创的金融顾问制度为核心支撑，坚持目标和问题导向，形成了以“临平模式”和“临平指数”为主的县域综合金融生态建设新模式。

打造县域综合金融生态建设的“临平模式”。临平模式主要围绕政府端、企业端、社会端三大主体，创建“区县金融运行质量指标体系”“金服宝·小微数智平台”“财富管理 N 课培训课程”三大工具，采取了八项举措。例如，聚焦政府金融风险管理痛点，首创区县金融风险体检机制；针对区县对金融风险“有什么、有多大”不清晰，对风险防控“抓什么、怎么抓”不专业的问题，首创县域金融运行质量体检报告和金融风险防控指南，帮助区县打好防范化解金融风险攻坚战。聚焦企业金融服务堵点，构筑企业多维金融需求增值服务体系；建立上市培育企业金融服务矩阵，围绕跨境电商、科创金融等场景建立成长型企业金融助力联盟。聚焦社会金融供给难点，打造金融赋能共同富裕和投资者教育的模式；开展“金融共富村”创建试点，建设金融共富驿站，创新整村授信、农产品帮销等服务，将金融机构自助网点改造成“温暖驿站”，建立反诈超市和反诈志愿者工作室等，为促进浙江共同富裕示范区建设积累经验。

经过两年实践，“临平模式”取得六方面成效：一是建立了县域原生信用基础，连通金融服务的最初一公里和最后一公里。二是显著优化了区域生态，促进了金融资源均衡配置，既能满足基础性、保障性金融供给，也提升了重点领域供给质量，有效缓解了县域内金融服务的信息不对称问题。三是金融服务呈体系化运行，构建起内核稳定的营商环境，政府、金融和社会三侧协同，使县域营商环境更优更活更稳。四是探索出了金融精准助力新质生产力的路径，即社会对金融、金融对生态、生态对企业，在社会和经济、金融的大循环中解决金融可持续问题，促进企业成本迭代下降和社会金融意识整体提升。五是有效防范金融风险，重点防范化解政府平台风险。六是改善金融机构与地方政府的依存关系，提升了地方生态之“水”与金融之“鱼”的依存度。

构建评价县域综合金融生态健康程度的“临平指数”。在县域综合金融生态建设中，多向度探索金融生态评价体系，并提炼形成临平指数。

一是临平指数为县域综合金融生态质量提供了评价标准。该指数从生态主体成长性、生态服务普惠性、生态基础稳定性、生态模式创新性、生态关系可持续性五大向度攫取指标，综合分析区域金融供给的深度、精度和普惠度。指标选择具有普适性、指标数据具有可得性、指标模型具有科学性，对评价区县的金融生态趋势、金融生态基础、金融运行质量都具有较强的参考价值，是区域综合金融生态的体温计、度量衡。

二是临平指数为县域综合金融生态优化提供了方向指引。评价不是目的，而是改进和提升的基础。临平指数既是从金融看社会，也是从社会看金融，由此及彼、由表及里，让地方政府对区域综合金融发展状况做到一目了然，对本地在全省金融发展中的位置做到心中有数，对消除金融风险隐患、优化金融供给做到有的放矢，充分体现了金融的社会价值，是县域综合金融生态优化的导航仪、指南针。

县域综合金融生态建设提升的方向

在临平开展的县域综合金融生态建设中，打开了金融服务创新、金融服务价值提升的空间，打通了金融的最后一公里，是金融的最大最现实场景和数字化背景下金融变革的真正落地，也是实现和衡量金融“五篇大文章”的最重要平台，开启了金融创新的大门。下一步，为推动县域综合金融生态模式在更大范围的复制推广，可沿着以下三方面展开探索。

一是县域综合金融生态建设可以作为金融服务实体经济，体现政治性、人民性的创新基地。中央提出金融要守正创新，做好科技金融、绿色金融、普惠金融、养老金融、数字金融“五篇大文章”，这是新时代金融工作政治性、人民性的集中体现，也是创新金融服务的主要方向。做好这“五篇大文章”，可以将县域综合金融生态建设作为一个切入点，将县域作为金融服务实体经济、金融回归本源、金融体现社会价值的一个创新基地和试验田，在县域内先行先试，再推而广之，不断夯实金融发展的根基。

二是县域综合金融生态建设是数字化时代金融迭代创新重要试点。迭代创新、服务升级既是金融服务经济社会高质量发展的必然要求，也是金融自身高质量发展的内生需求。数字化以前所未有的方式加快了金融模式迭代升级的速度，拓宽了金融服务优化创新的边界，提升了金融要素交互融合的能级，可以更便利、更高效地将全省、全国一些好的金融创新模式叠加进来，走好中国特色金融发展之路。

三是县域综合金融生态建设可以作为金融推动社会治理和社会综合生态推动金融创新双向奔赴的试验田。一方面，金融能够改善社会治理。金融本身是社会治理的重要组成部分，在县域内，金融通过发挥功能性为社会治理提供了基础设施，提升了社会治理能力，推动了社会向善、移风易俗、政治经济文化一体化发展格局的形成。另一方面，社会综合生态能够反哺金融。良好的社会综合生态可以为金融发展提供更好的法治环境、德治氛围和信用文化，也可以为金融展业培育更多市场主体和客户群体，二者相辅相成，为金融创新打开了一扇崭新的大门。

附录 2

县域综合金融生态建设专题研讨会观点合集

临平区[①]：深刻诠释了浙江探索优质金融生态的价值和成果

【摘要】 临平携手金融服务委员会，积极探索以综合金融服务拓展政务服务增值化改革的新内涵，着力打造金融高质量保障三个“一号工程”的新案例，有效实现了示范区建设从理论到实践的转化落地，有力构建了区县一级建设示范区的“四梁八柱”，着力营造了各大金融机构各展所长的良好氛围，探索形成了一批制度性、实践性的建设成果，进一步增值了政府对金融的管理水平、企业对金融的畅享程度、群众对金融的普惠成色。

① 本文摘自临平区于 2024 年 2 月 29 日在“县域综合金融生态建设专题研讨会”上的发言。

临平示范区的生动实践深刻诠释了浙江探索优质金融生态的价值和成果

示范区启动创建以来，临平坚决贯彻习近平总书记关于金融工作的重要论述精神和省市党委、政府部署要求，携手金服会，聚焦政府对金融专业化管理的急切、聚焦企业对精准金融供给的急需、聚焦群众对金融获得感的急盼，积极探索以综合金融服务拓展政务服务增值化改革的新内涵，打造金融高质量保障三个“一号工程”的新案例。在示范区建设的推动下，2023 年，临平区实现 GDP 1067.27 亿元，增长 6%，其中金融业增加值占 GDP 的比重达到 10.9%，对 GDP 的增长贡献 1.2 个百分点。主要有四个方面的体会。

第一，有效推动了示范区从金服会体系化理论探索到临平区体系化实践。多年来，省金服会围绕打造健康良性、动态平衡的区域金融生态，对“综合金融服务示范区”做了系统的理论性、概念性研究，在理论层面的探索不断迭代和创新，但在实践层面，尤其是区县一级如何开展综合金融服务一直没有破题。临平作为全省最年轻的行政区之一，坚决扛起新区责任担当，在全省率先开展示范区建设，将理论层面的探索与思考同区县实际相结合，形成了一个个鲜活案例，这是一个巨大的价值体现。通过 2023 年一年的创新、迭代和实践，临平金融增值化服务示范改革被省委改革办评为“基层首创案例”；2023 年 8 月 4 日，张雁云副省长亲自专题调研临平金融工作；10 月 17 日，省委改革办专刊全省推广临平案例；11 月 2 日，张雁云副省长亲自批示要总结提升。示范区通过临平这个区县一级的样板，已经从理论概念转化为实实在在的改革实践。

第二，探索构建了区县一级建设“综合金融服务示范区”的“四梁八柱”。主动把示范区建设放在省市政务服务增值化改革的大盘下谋划，采取"基层稳步干出样子与争取省市肯定路子上下互动"的工作策略，通过"先搭框架、再搞装修、模块化推进"的思路，着重干好凝聚共识、构建框架、点上突破三件事，把综合金融服务的内涵和实践从1.0版的金融机构对企业的金融产品供给，拓展到2.0版对政府、企业、群众三个层面集成化增值服务，重点围绕增值化改革谋划增值政府金融管理水平、增值企业多元融资渠道和增值群众融汇服务体系等。

第三，着力形成了各大金融机构各展所长、各尽其职、各显所能的良好氛围。我们始终将坚持"党对金融工作的集中统一领导"作为示范区建设的总纲，紧紧围绕金融工作的政治性、人民性，创新党建统领下的"政府部门+金融机构"工作模式，构建多个金融机构党组织联合开展主题教育的工作机制，建立金融机构党建联盟，召开金融党建联盟恳谈会。区委组织部和7个银行党支部以包干区方式围绕"破一难、献一策、干一事"推进八个方面的重点任务，为示范区拓展党建引领增值化服务的新内涵。在党的领导下，区内各大金融机构竞相奔涌，各尽其能、各展其才、大显身手，形成了合力助推示范区改革创新的良好氛围。

第四，探索形成了一批制度性、实践性建设成果。一是打通从专业到职业的通道，增值政府对金融管理水平。立足区县金融工作任务重但力量不足、专业不强的长期困扰，构建"政府部门+金融顾问"的工作机制，解决政府金融管理从专业到职业的问题。比如，我们围绕区县对金融风险"有什么、有多大"不清晰的问题，首创金融体检报告制度，分析政府、金融机构、企业和居民4个维度，形成首份《金融运行质量体检报告》。围绕区县对金融风控"抓什么、怎么抓"的问题，探索制定县域金融防控指南，打造全省首个"企业风险早知道"平台。围绕区县对金融工具"怎么看、怎么管"经验少的问题，创新建立重大融资项目顾问制度，分重大投融资项目、平台公司存量资产盘活、片区开发融资等，累计开展对接 23 次，涉及项目资金 80 多亿元，有效打通了金融监管和服务从专业到职业的通道。

二是打通从产品到服务的通道，增值企业对金融的畅享程度。按照“政府搭台、机构唱戏、企业受益”的理念，围绕“大的做强、中的提质、小的成长”提供综合金融增值服务，推动企业融资成本持续走低。2023 年，全区新发放企业贷款利率和小微企业贷款利率分别下降 39 个基点和 58 个基点。比如，针对拟上市企业反映的“机构牌子大、团队能力弱”导致上市走弯路问题，按照券商、会所、律所、风投机构 4 个类别，由省金服会开展团队筛选、把关和推介，引导机构与企业精准匹配，2023 年全区新增境内上市企业 3 家，上市企业总数达 27 家。针对科创型、成长型企业融资难、长不大问题，探索建立“白名单”机制，为电商企业融资授信 4500 万元，融资成本从 5% 以上降至 4.5% 左右。针对中小微企业多维度金融需求场景，打造“金服宝 · 小微”平台，已接入企业 3.1 万家、入驻机构 41 家、提供服务 61 项，中小微企业申贷成功率由 15% 提升至 35%。

三是打通从普及到普惠的通道，增值群众对金融的普惠成色。不断拓展示范区建设的内涵和外延，更多更广更直接地参与服务群众“身边小事”。比如，聚焦金融赋能新时代“千万工程”，整合各金融机构资源，率先在习近平总书记调研过的新宇村开展“金融共富村”创建试点，试点建设“五代”（代买、代卖、代寄、代收、代预约）金融共富驿站，探索“整村授信”、金融机构农产品包销等服务助力新“千万工程”的多元化路径。目前，已在试点村提供 1.36 亿元新增授信支持。聚焦全景守护“一老一小”，建立实体化反诈超市，成立“‘5060’反诈志愿者”团队，构建“1 + 99 + N”反诈体系，其中，农业银行等机构创新推出反诈“9 字口诀”，让群众在摸得着、看得见的金融服务中提升防诈能力。建立“1080成长园”计划，通过公益捐赠、金融助学等形式，让不同群体感受金融向善的温暖。其中，余杭农商行对运河中学等基层学校开展“暖冬行动”定向助学，使外来务工人员子女感受到“临平温度”。邮储银行聚焦精准扶贫和对口支援，将支持对口支援地区发展与降低中小微企业融资成本有机结合起来，推出面向中小微企业的“精准扶贫贷”，对企业采购对口帮扶地区农产品给予下调贷款利率和新增融资授信的奖励，既支持贫困地区发展，又降低企业融资成本，2023年共发放贷款67户，金额4.22亿元，累计为企业节约融资成本200余万元。

以加强“党对金融工作的集中统一领导”为引领，持续探索丰富示范区建设的内涵内容

下一步，临平区将深入学习贯彻习近平总书记关于金融工作的重要论述精神和考察浙江时的重要讲话精神，始终把加强党对金融工作的集中统一领导作为主题，把体现金融的政治性、人民性作为主线，按照“迭代、丰富、放大”的思路，做好科技金融、绿色金融、普惠金融、养老金融、数字金融“五篇大文章”，聚焦深化推进综合金融服务示范区建设，着力推动金融高质量发展，为全省加快打造金融改革先行区、金融发展繁荣区、金融生态优质区和金融运行安全区贡献临平力量。

第一，探索适应区县金融管理体制改革，特别是落实党对金融工作集中统一领导的有效路径。深入探索党建统领下“政府部门+金融机构”的工作模式，在缓解机构改革后区县一级金融工作力量特别是专业力量不足问题的同时，通过探索建立金融工作综合党委等形式，在党的领导下将区内金融机构这支队伍用好。依托金融机构日常数据，聚焦涉众型中小微企业资金安全和成长型企业壮大的融资需求，进一步深化“风险早知道”工作机制，通过“风险提前预警 + 服务超前跟进”，进一步提升区县一级金融管理、运用金融工具的水平。

第二，探索丰富更加有利于增值企业群众对金融服务感受度的工作举措。围绕科创型人才型企业、跨境电商企业、文创类企业和新“千万工程”等 4 个板块，探索和争取一批有含金量的金融产品先行先试，持续降低企业融资门槛和融资成本。同时，深化“1 + 99 + N”反诈体系，依托金融机构网点打造实体化反诈平台和“一老一小”服务驿站，切实服务群众所需。建立政府推动金融机构常态化进社区的工作机制，发挥好金融机构与社区“两个作用”。深化省级金融机构“帮销 + 订购”工作机制，开展“农产品进金融机构”专项行动，赋能新时代“千万工程”。

第三，探索更加有效助推金融“三支队伍”建设的工作体系。认真落实省委“新春第一会”工作部署，依托金融机构投研力量，迭代党政经济金融干部队伍培训机制，制定“产业地图 + 空间地图”的产业投促培训方案，加大经济金融干部培训力度，锻造高素质专业化金融干部人才队伍。围绕金融专业人才引育，探索打造品牌化的金融人才公寓，着力构建金融单位新进大学生和高层次人才租住“首选地”，2024 年将交付人才公寓近 5500 套，目前正在和有关单位对接，探索提供一批金融人才公寓，全力支持高水平创新型金融人才和高素质金融劳动者队伍建设。

盛世豪[①]：县域治理视角下的金融生态建设

【摘要】 县域金融生态建设，不仅是金融机构的发展，也不仅是金融产业的发展，还要注重中国特色金融文化建设，这是中华民族现代文明的

① 盛世豪：浙江省咨询委学术委副主任、省社科联主席。

重要组成部分。从这个意义上来讲，临平模式、临平指数符合中央金融工作会议精神。对推进临平模式的下一步工作提出六个方面建议，包括明确试点主要目标、助力引领县域产业体系优化提升、服务好中小企业、为县域居民财产性收入建立通道、为乡村振兴提供服务保障和完善制度机制。

金融生态建设是县域治理的重要内容

县是国家治理最基本的单元。中国有一句老话，“郡县治，天下安”。无论是从发展经济、保障民生，还是从国家安全的基础来讲，县都是不可或缺的，并且是一个关键环节。特别是现在，县域治理具有上接天线、下接地气的特征，也是国家治理体系和治理能力现代化的重要基础。

与国家治理相比较，县域治理最大的特征，或者说现在从国家的角度对县域治理最大的要求是什么？就是善治。也就是要坚持以人民为中心，推动实现公共利益最大化，这是对县域治理最高的要求。

县域治理中很重要的一项内容就是金融治理，这也是县域治理中一个重要的薄弱环节，长期以来地方政府有作为的空间很小。从这个意义上来讲，临平作为综合金融生态建设的试点是很有意义、很有作为的。具体而言，金融治理对整个县域的发展至少有四个方面的特点。

一是基础性。金融是现代社会的核心支撑，我们往往讲金融是现代经济发展的血液，不光是经济的血液，也是社会运作的基础，还是百姓生存的重要支撑。公共服务也需要相应的金融提供支撑。

二是引领性。金融从本性来讲，是哪个地方收益高就往哪个地方流，这些领域金融往往比其他要素更具有敏感性，所以金融比较集中的领域往往发展比较快，吸引力比较大。

三是共享性。金融是一个重要的产业，它不仅自己要获得收益，还可以为主体获利提供很大的机会。从这个意义上讲，金融所得到的收益不是金融机构所独有的，而是在一定程度上回报给了社会、政府、企业、居民，当然也有相当一部分是促进了自己这个行业的发展。

四是稳定性。金融可以保持一个县域经济社会的稳定，有金融的支撑，企业破产得到了一定程度的遏制，社会上互相之间的关系得到了一定的保障，维护了社会的和谐稳定，所以金融治理是县域治理的重要组成部分。

从治理视角下看县域金融存在的问题

县域综合金融生态建设实际上既是县域治理的内在要求，也是国家金融治理和金融发展的重要基础，长期以来由于体制上的因素，金融监管与金融发展的主要职责在中央，地方金融监管职责边界模糊、定位不清，导致很多地方的发展举措没有落实。具体来看，县域综合金融生态存在以下几个问题。

一是财政债务过高。现在很多学者都在研究这个问题，浙江是全国财政较好的省份之一，县级财政也是比较好的，债务规模较小。但是债务的余额较大，特别是这两年新冠疫情加上经济不景气，个别县（市、区）的债务风险很高。

二是中小企业融资难、融资贵。浙江的民营企业在互保上有深刻的教训，2008 年如此，2012 年也如此。为什么会产生互保？与我们的金融生态是有关系的，有些企业要么没有东西可以担保，要么因为一些诚信的问题，或者是其他一些经营上的问题，只有通过互相担保才能拿到贷款。

三是新兴企业成长慢。现在新兴企业主要集中在城市，如杭州的市区，临平还能辐射到，但是下面的县一级就很难了。

四是居民的财产性收入低，县一级的金融很重要的服务对象是农村居民。相较而言，浙江农村居民的财产性收入只有 3%，主要靠出租房子，来自金融机构的财产性收入很低。这一方面说明农村居民的理财渠道很少，需求潜力很大；另一方面导致金融诈骗经常在农村发生。

这些问题不是单一的，都是有关联的，与今天讨论的县域综合金融生态建设也有很重要的关系，不仅要从政府与金融机构之间的关系、从社会的角度来看金融，还要从居民、企业的角度来审视整个金融生态建设的发展合理性。

金融如何助力县域高质量发展

怎样重视金融生态建设，助力高质量发展？2022年以来，在省委、省政府及有关部门的大力支持下，金服会、浙商银行联合临平区发展综合金融示范区，以此为抓手，打造良好的县域金融生态，取得了明显的成效。县域综合金融生态建设，不仅是金融机构的发展，也不仅是金融产业的发展，还要注重中国特色金融文化建设，这是中华民族现代文明的重要组成部分。从这个意义上来讲，临平模式、临平指数符合中央金融工作会议精神。

在下一步推动临平模式的试点过程当中，有六点建议：一是进一步明确试点的主要目标。既要服务于临平的高质量发展，包括产业结构提升、经济发展、居民的致富等，又要打造一个县域的良好金融文化。二是金融生态建设要助力构建引领产业体系的提升。在产业结构提升上，临平指数相对于其他几个指标来讲，后面的上升不明显，比较平缓，这说明金融在引领新兴产业、战略性产业、科创产业发展上，还需要进一步下功夫。三是服务好中小企业。县一级中，临平是民营经济比较发达的，中小企业贷款难、贷款贵的问题大家都比较清楚，要建立适合县域创业的基金平台。四是金融生态建设要为农村居民的理财、财产性收入建一些通道。五是为乡村振兴提供服务保障。六是完善制度机制。除政府以外，金融机构要积极发挥作用，更重要的是要建立一些生态建设的相应机制。

郑宇民[①]：临平模式把县域金融的“痛点”变成“亮点”

【摘要】临平的经验能够在一个县域中将综合金融生态做一些实践，特别是理性总结，契合了新时代的特殊要求，把“痛点”变成“亮点”，根本改变了金融与政府、企业的依存关系。过去是政府对金融，金融对前台，前台对企业；而现在是社会对金融，金融对生态，生态对企业。这就是“临平经验”所开启的县域经济中高质量金融契合新时代要求的新实践。

非常感谢临平的经验，20 世纪 90 年代我在 3 个县当过领导，当时我们最怕的两件事，一是天灾，二是挤兑，所以对于地方政府与金融，我们当时感觉到金融是无处不在、无法指代。政府虽然知道金融的作用，但与它的依存度、关联度、指向性是非常难处理的。所以临平的经验能够在一个县域中将综合的金融生态做一些实践，特别是一些理性的总结，契合了新时代的一些特殊要求，把“痛点”变成“亮点”。这是非常重要的一个实践，根本改变了金融与政府、企业的依存关系。过去是政府对金融，金融对前台，前台对企业；而现在是社会对金融，金融对生态，生态对企业。这就是“临平经验”所开启的县域经济当中的高质量金融契合新时代要求的新实践。

我非常感谢以浙商银行为主席单位的浙商总会金融服务委员会，持之以恒，一以贯之，在新金融高质量发展方面实践创新。2022 年初，在临平设立了一个县域金融信用生态试验区，我感受到的是整个金融发展新方向一次很重要的参照，是金融高质量发展的一种需要，它引发了许许多多的

① 郑宇民:浙商总会顾问。

深度思考，“金融是什么?”“金融为什么?”“金融靠什么?”这些问题都使我们有了一次非常深度的思考。

我们怎么评价新金融高质量?要从政治制度、社会制度、经济制度三个维度看。政治制度是中国共产党领导；社会制度是社会主义制度，共同富裕；经济制度是“两个毫不动摇”，公有制为主体，多种所有制并存。在这种情况下的金融必须符合三大逻辑的建构，这是多年来浙商银行一直在带领和组织、依靠各个方面，在座的各位包括媒体一直在伴随着这件事的实践。

它的实践还回答了一个问题，金融为什么?为新质生产力，为优质生存，就这“两个为”。如果我们只是“一为”，那就狭隘了；如果什么都不为，就为自己的盈利性，那么根本不符合三大逻辑构架当中的新金融，根本不能称其为高质量金融。所谓高质量金融是高质量发展的动力，必须解决新质生产力与优质生存的发展问题，金融只有自己把握好这个“为什么”才能构建自身的生存态，才能真正地践行党中央、国务院提出的新金融、新时代的特殊使命。很长一段时间，金融是自我存在、自我空间、自我评价、自我取舍、自我价值，这些“自我”就是原来金融的高尔夫球式的存在方式。杭州周边几个高尔夫球场一般是金融人去。为什么金融人要去高尔夫球场?这是一种存在方式，一个人挥着杆子，一个果岭、一面小红旗，最后的价值是金融圈与“果岭”之间的自我存在价值，所以必须打破高尔夫球式的存在这样一种金融生存方式。金融圈喜欢打“掼蛋”，“掼蛋文化”是抓取、配置，然后甩出、逃脱，谁最早脱离，谁就胜出。而金融的文化实际上是要抓取，要配置，但不是为了逃脱，这个“掼蛋”实际应该是“孵蛋”，把蛋孵出来鸟再下蛋，这就是金融“金蛋”，这才是要解决的问题。浙商银行、浙商总会金融服务委员会这些年的实践旨在解决一个金融生存的方式问题。

金融靠什么？我们讨论的生态，它的内核是什么？是文化，人类的文化一开始是“狩猎文化”，带有野蛮性；后来是“耕耘文化”，效率低；再后来是“淘金文化”，冒险精神；“博弈文化”，投机性；“生意文化”，商业性。必须进入“生态文化”，这是我们这几年在实践中得出来的一种感悟。金融生态中最重要的是“信用文化”，中国古代就是信名、信事、信义、信用。信名是珍惜名誉，信事是相信未来预期，信义是坚持道义，信用是诚信赋能，这些就是“临平经验”形成的最基础的基因文化，所以临平的经验是值得关注的。

“3386”，“6”为成效。一是建立了原生的信用基础，这是临平经验很重要的方面。在一个县域里要建立起原生的信用系统，我们要真正识别一个地方，识别一个企业在生态当中必须解决其原生性问题。我们都在说最后一公里，其实我们还有最初一公里。最初一公里从哪里出发？从它的原生地出发、从临平出发，只有将最初一公里与最后一公里对接起来才叫作生态！没有这两个“一公里”的对接，很多问题就是“变态”，“变态”以后就很难适应。所以建立了原生态的信用基础，这是“临平经验”很重要的方面。二是均衡的区内资源配置，在生态基础上、在知人知面知心的基础上优化生态资源的配置，准确、成本低。三是构建了最内核的营商环境。四是精准助力新质生产力，在区域范围内的新质生产力的萌芽，比前台去对接企业、发现企业要精准得多。五是提升区内的生活品质。六是防范区内金融风险。七是改善金融与地方的依存关系。要改变20世纪90年代那种无所不在、无法指代的情况，变成统一生态。

过去说金融要放水了，认为金融是“水”。金融不是“水”，金融也是“鱼”，地方生态、区域生态才是“水”。只有这个生态健康纯净，这条鱼与其他鱼才能游到一起，这就是高质量金融很重要的一个依存度，所以临平会议给了我们许多的思考。

莫万贵[①]：构建金融生态体系的粗浅思考

【摘要】临平示范区建设坚持目标导向、问题导向，思想理念与中央金融工作会议的精神一致，充分发挥了有为政府的作用。要从加强金融法治、培育践行中国特色金融文化、解决信息不对称等方面构建完善金融生态体系，做好金融“五篇大文章”。

集中解决最后一公里的问题

金融生态是金融业与其生存、发展的外部环境相互影响、相互作用的动态平衡系统，最高境界是达到良性互动。实际中，我们遇到了很多问题，即金融需求与供给不匹配的问题。例如，金融机构有资金，但找不到好项目、好客户、好资产；企业与居民有好的项目，但找不到资金。人民银行牵头做了很多区域金融改革的试点，如在浙江台州的小微金融试点、湖州与衢州的绿色金融试点、丽水的普惠金融试点等，这些试点就是要集中解决最后一公里的问题。

供求的失配很大程度上与金融生态有关系，解决这个问题就是怎么发挥有为政府与有效市场的作用。临平试点做了很多探索：一是思想理念与中央金融工作会议的精神一致，是中国特色金融发展之路的探索，也是金融供给侧结构性改革的探索。二是充分发挥了有为政府的作用。临平区委、区政府在这方面做了大量工作，使金融供给与需求更适配，且在防范风险方面做了很多工作。三是以临平为示范试点，坚持目标导向、问题导

① 莫万贵：中国人民银行金融研究所副所长，发言仅代表个人观点，不代表供职单位。

向。以前区域的金融改革试点大多数在地市一级做得比较多，而临平在一个县里做，就像解剖“小麻雀”一样，更容易将很多工作按照问题导向、目标导向的要求做得更细更好。

临平试点大有可为，还可继续探索

第一，要加强金融法治。我们现在提法治国家，金融领域最怕的是债权得不到保护，大家看到有好多法治不太完善的地方金融机构不愿去，而且有一些地方发生过逃废金融债，金融机构就收缩了。因此，要完善法规，做好重要法律法规立改废释，加快补齐新兴领域制度短板，发挥司法解释、部门规章、规范性文件等填补空白的作用；严格执法，加大金融法制执行力度，对各类违法违规行为零容忍；坚决保护金融债权，打击逃废债行为。同时，要树牢法治意识，自觉尊法、学法、懂法、守法、用法。

第二，要加强德治，积极培育与践行中国特色金融文化。在构建整体金融生态体系中，要将习近平总书记提出的中国特色金融文化的核心要义“五要五不”落实到位。一是诚实守信，不逾越底线。要有契约精神，借钱就得还，不可违约，要遵守市场规则，有职业操守，这样才能保护金融机构和企业的利益。二是以义取利，不唯利是图。处理好功能性与盈利性的关系，功能性是第一位的，履行好社会责任，金融机构在实现自身社会价值的基础上获得合理的回报，首先得有社会价值，其次才能获得合理回报，必须将服务社会、服务经济、服务民生作为功能性放在第一位，履行好社会责任。三是稳健审慎，不急功近利。要注重长远，注重打造“百年老店”，这是长期博弈，挣长钱，不要过度冒险。四是守正创新，不脱实向虚。要明白是为谁创新，为什么创新。为社会、为百姓、为服务实体经济而创新，这是重要的。金融的供给不足与金融创新有很大关系，创新也不少，但有些创新是假创新、伪创新，是为了一些金融的自我循环或过度追求套利而进行的所谓创新，并不是服务实体的创新。五是依法合规，不胡作非为。就是要遵纪守法，规范行为，守住法纪法规底线，在试验区贯彻落实习近平总书记提出的中国特色金融文化的核心要义“五要五不”精神，结合实际去探索建立一些行业企业社区的行为规范，对于我们做好金融生态综合建设是非常有意义的。

第三，要加强信用信息归集共享，解决信息不对称问题，让有效市场充分发挥作用。对于金融而言最重要的是四个字——“信用信息”。金融机构无法收集那么多信息，一是收集不到，二是收集需要大量成本，这时就需要发挥政府作用，帮助金融机构去归集信用信息，解决信息不对称问题。只有解决了信息不对称问题，有效市场才能充分发挥作用。

第四，要培育第三方中介机构，压实专业把关责任。金融、投资、融资很专业，因为涉及风险识别、评估和控制，就像会计师事务所、审计事务所、律师事务所以及其他的中介机构的作用很重要，要将他们的责任压实。

第五，要积极发挥有为政府的作用，构建良性互动生态体系。临平在试验当中，政府作用的发挥是非常值得我们总结与提炼的。一是充分发挥政府统筹组织协调作用，充分尊重和维护市场主体权利。二是加强社会综合治理，尤其是乡村街道等基层治理。面对企业和金融机构，提供直接服务的是乡村街道等基层政府组织，他们治理得好，好的企业和金融机构就愿意来。三是培育金融需求。有些金融需求，金融机构不愿意去提供服务，因为这种金融需求不是有效的，不可持续，风险大。这时就需要加强产业化、组织化，特别是好多小微企业财务、报表、信息等各方面不规范，需要帮助他们更加规范，使之更产业化、组织化、规模化，这样抗风险能力和可持续性发展能力就更强，这样的金融需求才是金融机构喜欢的需求。四是加强市场和流通体系建设，维护市场公平公正秩序。

第六，要提升金融服务能力和质效，做好“五篇大文章”。金融供给侧结构性改革，最终是提高金融服务经济、社会、政府的能力与质效，做好这“五篇大文章”。科技金融方面，金融要支持以科技创新引领现代化产业体系建设，促进发展新质生产力，重点是解决信息不对称、金融风险适配和期限匹配问题；绿色金融方面，要完善政策、标准和产品体系，深入推进生态文明建设和绿色低碳发展；普惠金融方面，要持续加强对民营经济、中小微企业、“三农”等领域的金融支持，提高服务保障和改善民生水平；养老金融方面，要丰富金融产品服务供给，加强对健康和养老产业、银发经济的支持；数字金融方面，要加快金融数字化、智能化转型，提高金融服务便利性和竞争力。

陈道富[①]：坚持“善本金融”理念，推广综合金融生态建设

【摘要】临平示范区做了综合金融生态建设初步的探索，并取得了初步成就，值得进一步观察、深化和完善。希望中国的金融能够真正地嵌入经济和社会的运行中，在实现高质量增长的过程中，绽放金融的价值。

临平示范区建设取得阶段性成果

第一，在社会价值中去实现金融自身的价值。金融的价值不是从金融来谈金融，而是在实现社会价值过程中成就自己的价值。第二，金融的可持续不能在金融体系内实现，而是需要放在它所处的经济社会环境中，把生态、循环改造以后，把经济社会价值进一步凸显以后，金融的可持续问题就解决了，对金融的可持续提出更高的要求，金融的可持续不是小的领

---

① 陈道富：国务院发展研究中心金融研究所副所长。

域的可持续，是要驾驭到整个经济社会的可持续中，这要求金融自身的把控有更高的智慧，把握住这种短期和长期、整体和局部的问题。第三，在相互融合的过程中缓解信息不对称。在县域经济特别是中小微企业中，信息不对称是最大的问题。临平示范区的综合金融生态进行了非常好的探索，除了用数字化把主体的“黑箱”打开，使我们更好地融进主体，我们还能更好地走近所服务的对象——政府、企业和居民，让金融服务机构和被服务对象交织融合，所谓的关系型的金融，所谓的面对面的金融，实际上就实现了更好的融合。在这个融合中，能够形成局部人看不到的信息，发现新的价值，实现金融的安全和风险控制。

对综合金融生态建设探索的经验思考

临平示范区建设在努力探索解决最后一公里中金融供给和需求之间的鸿沟。中国其实不缺金融需求，中国的金融需求非常庞大，只是没有被很好地满足。从某种意义上来说，中国金融的供给也非常丰富，国际上有的金融供给产品和机构，中国几乎都有。但是，中国在把金融供给和金融需求融合在一起的时候，在面对最后一公里的时候有一条巨大的鸿沟，看得见，跨不过去，或者是视而不见。跨越最后一公里，最终体现在金融产品、服务供给和创设过程中，是在县域经济里面体现综合的反应。

要想解决这个鸿沟，首先，需要真正践行以客户为中心，其核心是能不能真正地体悟到客户真正的痛点和真正的金融需求。需求是我们最终的导向，客户的真正需求在哪儿？其实很多的客户需求被扭曲地表达，很多的需求被表现为资金需求不足，但事实上背后有各方面的原因。怎么样才能真正把握客户的需求、核心的问题？能不能感同身受地体悟到客户真正的痛点，跳出客户的认知困境，找到客户真正的金融需求？客户毕竟是在实体经济从事具体业务的一些人员，所以他的表达带有很多产业和微观上的逻辑与色彩，所以金融人员倾听的时候，需要在感触他的痛点时，跳出他的话语体系，把握真正的痛点、实质性的痛点。金融的痛点是什么？这些痛点最终会转化为可以实现的价值。临平综合试验区正在探索怎么样去抓住客户的痛点，比如对政府就抓住了两个最核心的痛点——县级政府的融资平台和债务化解。比如招商引资，尤其是精准的招商引资，为企业融资去寻找痛点，对居民抓住了反欺诈和金融知识的普及过程，当然这些痛点的抓取是做了一些探索的，我认为才刚刚开始，政府也好，企业也好，居民也好，真正的痛点是需要我们用智慧的眼光去发现的，真正去探讨的。这是第一个，需要看见、感受到这个痛点，看见未被满足的需求和未被实现的金融价值。

其次，要跳出原有的供给模式和框架，打破原有的金融供给，提供多元的综合金融服务，这个时候需要实现一个转换——金融的专业化分工和最后综合化服务之间的转换。在最后一公里的时候，最需要的是综合化转换，需要根据客户的需求对各类产品做必要的选择和调整。这个过程，我认为临平在金融顾问和金融体系方面做了探索，这个需要国家、地方和微观主体进行多元互动的进一步探索。

最后，要解决金融供给和金融需求“两张皮”的融合问题。金融供给和金融需求是“两张皮”，它们不能很好地融合的原因往往是认知、连接渠道等问题，需要培育复合型的人才，在提升认知、提供连接等方面做更多的工作。解决最后一公里，对中国来说是进一步深化金融改革最终取得效果的一个关键。我认为这个是非常有意思的探索。回到临平示范区的金融生态背后是一个非常重要的理念，是“善本金融”的理念。我的体会是，综合生态的建设是善本金融的一个具体体现，当然也是中央金融工作会议提出了金融工作政治性和人民性的具体化的过程。善本金融，不仅符合金融的规律和社会的发展规律，也具有一些可落地的制度和机制保障，还有现实的产品和绩效考核、风险措施。这个过程让我们可以重新思考善本金融的概念。

对临平模式背后“善本金融”理念的再思考

县域综合金融生态建设是“善本金融”的一个具体体现，也是中央金融工作会议提出了金融工作政治性和人民性的具体化的过程。

跳出金融看金融，实现金融良性运转，需要三个层次的善。一是至善层次，要合道而驰，合道而行，基于效率提升和价值创造的社会合作。市场经营性机构要创造客户、发现价值，激发相关人员的潜力和善意。这是可持续机构的立身之本，也是伟大公司的内在基因。二是时代和国家之善，金融需要响应国家的号召。三是个人之善，需要专业人员的专业性和战斗力，要正念、正行、正言。

金融的发展需要践行优秀传统文化。一方面是让金融机构跳出作为一个一般市场参与主体的权责利的对等。这个过程要做好各种利益冲突管理和规范，履行金融机构作为受托人、受信任主体的职责。另一方面是金融机构要承担社会责任，在绿色发展、社会责任、金融国家战略方面发挥更大的作用。

王义中[①]：指数的设计对各县域综合金融生态的优化发展起到度量衡、指南针的作用

【摘要】在县域综合金融建设过程中，不仅需要通过一系列目标、路径、举措来形成一体化的建设模式，还需要一套系统性的评价标准为金融

① 王义中：浙江大学经济学院党委书记、浙江大学金融研究院常务副院长。

生态优化提供方向指引。县域综合金融生态指数的设计立足于金融生态理论的环境观和系统观，重点衡量县域金融生态在不同时期变化发展以及不断完善的过程和结果。下一步指数的设计将进一步吸收各方意见建议，保持不断的迭代更新，扩大测算范围以期对各县域综合金融生态的优化发展起到度量衡、指南针的作用。

县域治理是推进国家治理体系和治理能力现代化的重要基础，肩负着社会整体治理承上启下的责任，而金融作为现代经济的核心，在县域治理中扮演着重要角色。在当前我国经济进入一个新发展阶段，通过深化金融改革创新，优化金融生态建设，将有助于推进县域经济的健康发展，并破解当前县域治理中的一些难题。在县域综合金融建设过程中，不仅需要通过一系列目标、路径、举措来形成一体化的建设模式，还需要一套系统性的评价标准，为金融生态优化提供方向指引。应该说当前浙江省各区县的金融生态在机构市场监管方面的建设已经较为完备，综合金融服务的创新与覆盖面领先全国，具备了进行全面评价的基础条件。

借助临平综合金融服务示范区建设的契机，我们首次以临平区为样板测度了相应的县域综合金融生态指数。金融生态一般是指金融主体及其赖以生存发展的金融环境共同构成的动态平衡系统，这是一个交叉学科领域。它涉及自然科学的生态学领域，以及社会科学中的经济、金融、社会管理领域，因此金融生态的理论内涵相当丰富，像生态经济学理论、区域经济理论、金融可持续发展理论都与它相关。金融生态这一主题以往在学术界中的关注也很多，本次研讨会更多是从政府和金融机构的视角探讨这一主题，本身就是金融生态改善的一个进步。政府与金融机构自身就直接构成了金融生态的重要主体，是推动金融生态建设的两股重要力量，尤其金融机构能跳出金融看金融，从经济价值与社会价值统一的视角来看待金融发展，来引导业务方向，可以说是国内金融业不断走向成熟的重要标志。所以我们意识到在分析和评价当前金融生态发展时，需要从区域生态整体效应最大化的目标来考量。

基于这样的基础，本次发布的县域综合金融生态指数，其设计立足于金融生态理论的环境观和系统观，重点衡量了县域金融生态在不同时期变化发展以及不断完善的过程和结果。基于前面提到的理论与基础，在构建指标体系时我们基于系统性、科学性、可比性的选择，既考虑了金融生态构建的理论要素，又兼顾了金融生态评价指标的代表性和指标数据的可得性。构建指数的指标体系从生态主体成长性、生态服务普惠性、生态基础稳定性、生态模式创新性、生态关系可持续性 5 个方面测度区县生态金融的综合发展水平。其中包括 5 个一级指标、12 个二级指标、37 个三级指标。

在确定指数和指标体系后，根据数量型指数的编制方法，主要按照基准期和初始值，消除量纲的标准化处理，确定指标权重和加权计算，最后得到不同报告期相应的指数值。从指数的总体测度结果来看，示范区建设至今，临平的金融生态环境实现了各主体的不断壮大、金融服务深度的不断拓展、金融基础的不断夯实、金融生态模式的创新提升和生态关系的持续改进。其中生态主体成长性、生态模式创新性和生态关系可持续性为指数的增长作出了主要贡献。从 5 个一级指标来看，临平区的生态主体成长性指数表现良好，指数得分保持增长，其中临平区的市场主体、上市公司、金融机构的数量持续增加，带动了生态主体成长指数的正向增长。生态主体的不断发展壮大离不开当地营商环境的改善、信用环境的提升以及不同主体联动机制的优化。未来在贯彻省委三个“一号工程”的过程中，临平区有望在生态主体成长性上取得进一步的提升。

生态服务普惠性指数重点衡量了临平区各类金融服务的覆盖率、可得性，在这方面临平区表现出良好的发展态势，其中金融服务的覆盖程度不断深化，直接融资、间接融资规模实现了良好的增长，为指数提升作出了积极贡献。在直接融资服务方面，辖区内的企业债券发行余额、股权投资和并购交易金额不断增加；在间接融资服务方面，辖区内的居民、企业融资规模同比正增长，普惠小微贷款、涉农贷款保持了较快增长，为实体经济的“毛细血管”不断输入养分。

在金融生态基础方面，自2022年以来，临平区金融生态基础呈现出逐步恢复的态势，指数增长背后涉及产业结构优化发展、主体收入水平提升、金融资产质量改善、社会信用水平提升等多个方面。比如企业利润增速、人均可支配收入、不良贷款率、公开市场债券评级等一系列与经济金融、信用环境稳定相关的指标都表现出复苏向好的态势。

金融生态模式创新是优化资源配置、提高金融服务实体经济质效的核心动力。当前金融生态模式的创新主要包含以数字化为代表的技术创新和金融服务体系的制度创新两大方面。经过测算，临平的金融生态模式创新性指数较2022年初累计上升了19%。在数字化金融创新领域，辖区内以“金服宝·小微”为代表的数字化综合服务平台的覆盖为促进小微企业综合成本的下降提供了全场景的服务。在金融制度创新方面，以各区金融顾问领衔的综合金融服务创新在临平金融示范区内累计撮合交易融资超过100亿元，充分反映出制度创新带来的金融动能和成效。从金融资源推动实体经济发展的可持续性的角度来看，在宏观经济增速相对放缓的大背景下，依靠债务拉动发展经济的边际效果呈逐步减弱的态势，各类主体债务可持续性需要引起关注。在这方面，临平区仍然有一定的提升空间，如GDP增速、企业利润增速、社会消费增速相对于债务增速的比值处于震荡上行或弱复苏的状态，在未来宏观经济长期向好的基本趋势下，各项指标有望企稳回升。

综上所述，过去两年多，中国经济的发展并非一帆风顺，但作为经济强省浙江的一个年轻的区县，临平在综合金融服务和生态各方面仍展现了良好的韧性和稳中有进的发展态势。结合浙江大学金融研究院构建的县域综合金融生态指数体系来看，今后一段时间，以临平为代表的省内区县在金融生态发展过程中有以下几个方面需要重点关注：

第一，不断增强金融生态的活力和韧性，持续提升金融服务实体经济的能力。

第二，树立金融向善的生态发展理念，不断完善金融社会价值和经济价值的统一。

第三，统筹好防风险和促发展之间的平衡，以金融的力量持续助力经济回升向好。

蒋学民[①]：为区县建设提供示范样板，具有向全省、全国推广价值

【摘要】以我的经验来审视，临平取得的成就具有独特创造性，为中国金融供给侧结构性改革和中国特色金融发展作出了有益的探索和贡献，其经验和成功做法能够为其他区县在这方面的建设提供示范样板，具有向全省、全国推广价值。

临平综合金融生态建设模式的背景和意义

临平会聚了浙商银行等金融机构顶级专业人才组建金融顾问队伍，吸纳了浙江大学雄厚研究资源，在政府的统筹协调下调动一切社会和企业力

① 蒋学民：国家高端智库综合开发研究院城市发展与园区经济规划研究所所长。

量，从更高的社会价值视角来审视金融，从全新技术和逻辑层面来重构金融的实践，形成了令人震撼的县域综合金融生态建设的“临平模式”和能很好反映及衡量县域综合金融生态的“临平指数”。探索积累的经验概括成了“3386”临平模式，与“临平指数”一起，共同构成了县域综合金融生态模式1.0版本。

我作为著名经济学家樊纲院长领导下的、地处改革开放前沿窗口深圳的“国家高端智库”从业近30年的资深研究员，做过或正在做的有关区域或城市的产业经济发展相关规划和政策研究少说也有百项之多，以我的经验来审视，临平取得的成就具有独特创造性，完全跑在了全国县域综合金融生态建设的前面，为中国金融供给侧结构性改革和中国特色金融发展作出了有益的探索和贡献，其经验和成功做法能够为其他区县在这方面的建设提供示范样板，具有向全省、全国推广价值。

同时，要把这种探索进行到底，通过进一步实践探索完善，很快会有升级的县域综合金融生态模式2.0版，甚至3.0版本。我对今后临平的综合金融生态建设模式升级版本很有兴趣，也有一些想法，在此想与大家分享，不成熟或不妥之处敬请大家见谅。

临平区产业现状与金融服务模式创新

临平区具有自身鲜明的地域特征和产业特征，地处长江三角洲圆心地带，是杭州东北的门户，制造业基础扎实，在杭州市13个区中工业发展位列第5。临平区的国家级经济技术开发区产业园区数量上百家，其中省级小微企业园区25家，有1家入选省级五星小微企业园，是浙江全省智能制造中心，在目前我国经济形势大环境的影响下应该具有较为强烈的产业转型升级的内生驱动力。因此，有必要重点研究临平区金融与产业融合发展的内容、路径和绩效衡量的指数评估办法，加快临平区成为杭州市综合金融服务示范区的步伐。

金融作为支持产业发展的关键工具之一，可以在产业转型升级过程中发挥重要作用。因为产业对金融服务的需求会呈现不同生命周期的多样化、产业链一体化、数字化、绿色低碳化和普惠化等特征，所以应以问题为导向，精准聚焦临平区产业发展和转型升级的“痛点”“难点”，优化临平区综合金融服务生态，提升金融服务保障能力和金融服务供需匹配度，进一步激发临平区资本市场活力，探索金融支持产业转型升级的有效路径。

综合金融生态指数的内涵和意义

综合金融生态指数要为构建促进企业发展数字化金融生态体系、探索以新型金融工具促进制造业数字化发展水平新路径提供指引。县域综合金融生态指数的编制本身要将“金融对实体经济服务程度如何”这一问题的回答和评价由定性转向定量进行数字化，金融数字化程度、金融和制造业的数字化融通程度应该成为综合金融生态指数编制的重要内容。这种指数的编制要能够更好地分析制造企业尤其是中小微企业数字化发展中的痛点，为更好搭建“金服宝”之类金融服务实体企业的数字化平台等新工具提供指引。也能够以临平综合金融服务示范区建设为契机，更好地利用“政府搭台 + 金融助力 + 企业受益”的创新服务模式，围绕企业生产、经营、管理、兼并、融资等多维度需求场景，助力构建面向政府、企业员工、企业服务商、金融机构等“科技 + 产业 + 生态”的一站式综合服务体系，从而有力支撑临平区政府为企业量身打造的数字化生态新样本，为探索高效解决企业融资问题、促进企业管理数字化转型升级开辟新路径。

我认为，综合金融生态指数对以下问题的解决应具有很强的指引性：一是临平区金融如何更好地服务产业（尤其是制造业和产业创新方面），产业发展如何促进金融业发展，即两者深度融合的问题；二是临平综合金融服务示范区发展绩效衡量和评估问题，即这个示范区的发展与谁对标，朝什么方向发力的问题；三是为临平区企业创新发展提供孵化、加速、成长、上市、破产清算等全生命周期金融服务和降低企业综合融资成本路径问题的解决应具有很强的指引性。

这里我可以举例说明，如在生态主体规模二级指标下的三级指标中增加企业数字化专项贷款规模，在绿色经济可持续性二级指标下增加企业低碳化技改贷款规模，甚至可以探索促进临平新型消费方面的指标。总之，要顺应县域产业经济创新发展趋势，想办法通过指数工具充分发挥金融对产业发展方向的助推和指引作用。

临平综合金融生态建设展望

临平还要探讨研究在杭州市建设科创金融改革试验区的过程中，作为综合金融服务示范区应该朝着什么方向发力，形成什么样的主要功能，为杭州市、浙江省乃至全国树立一个什么样的金融与产业融合发展的典范。

朱进元[①]：彰显了金融行业勇于承担金融的政治性、人民性的责任和情怀

【摘要】临平示范区建设形成了一套组织有序、行动有力、落实有效的县域综合金融生态建设的新模式，彰显了金融行业勇于承担金融的政治性、人民性的责任和情怀，是宣传中央金融工作会议精神的优秀素材与经典案例。

首先谈一谈参加这个会议的感受。

刚才听了各位领导和专家的发言，我对临平县域综合试点的工作有了

① 朱进元：中国银行保险传媒股份有限公司党委书记、董事长，中国农村金融杂志社党委书记、社长。

较为全面、深入的了解。听起来是激情澎湃，有一种身临其境、凭栏而越的冲动，在中央金融工作会议结束之后，我们作为一个媒体要宣传好中央经济工作会议的精神，这个精神的传播还有一个很重要的任务——发掘、发现、传播基层的典型经验。临平的这一试点，让我们耳目一新，给我们提供了这么好的素材，让我们很惊喜，为我们下一步做好宣传中央金融工作会议精神工作提供了绝好素材和经典的案例。

我觉得这次会议开得非常好，无论是临平区委，还是浙商总会金融服务委员会都把这个确立为1.0版本，在两年的时间节点召开这样的会议，总结成绩，分析形势，特别是客观地评价存在的问题，广泛听取专家的意见，确定进一步方向，完善措施，促进这样的试点工作走深、走实、走细、走远意义重大。

从媒体人视角谈谈对临平综合试验区的体会。

对临平综合试验区，我们从媒体人的角度谈点学习体会。第一，总的来看，本质上是建设县域的良好生态，防范金融风险，更好地服务于实体经济，改善了金融和政府之间的一层关系。这一点确确实实是这一轮金融工作会议精神、金融工作新一轮改革的一个重点内容、重要目标。在临平这次试点工作当中，我觉得很好地体现了这样的一个内容。第二，取得了初步成效，形成了一种组织有序、行动有力、落实有效的县域金融融合生态建设新模式。第三，彰显了金融行业勇于在更好地承担金融的政治性、人民性方面的一种责任和情怀。第四，体现了我们浙江金融人勇当第一、敢闯敢试的精神、勇气和智慧，可以叫作临平模式，也可以叫作浙江的答案——贯彻落实中央金融工作会议的一个临平模式，也可以是浙江的答案。

临平模式有四个方面值得学习和推广。

一是目标选得非常好。金融更多的是条条，中央强调金融的主要管理事权在中央，金融如何落地，我们强调金融脱虚向实，怎么和实体经济很好地结合起来？刚才大家从县域的角度谈了一些很好的意见和建议，认为抓住这样一个点也就解决了郡县治则天下安的问题，确实是这样的。这个试点选得很好，不是最发达地区的县（市），选择在临平金融各业齐全的地区进行试点，很容易得到比较全面的经验和模式。

二是宗旨明确。这一轮金融改革很强调金融的功能性和盈利性统一，功能性第一，盈利性第二，更突出服务属性，在临平模式当中得到了很好的体现。今天下午大家从开始到现在，一直听到的就是强调如何服务实体经济，服务好政府、企业和老百姓，这是金融行业不能忘记的。金融行业只有在成就政府、成就企业、成就百姓的过程中，才能客观上实现成就金融行业自身的结果。

三是方法得当。每个从业人员、每个机构都想完成好我们的使命，都想在这个过程中发展壮大起来，但是如何服务好，金融有的时候确确实实不太得法，这次金融工作会议也强调央地协同，特别强调地方党政形式和公检法的参与，这样的一次对接很好地体现了中央的金融工作在央地协同部署的精神。

四是效果明显。我们注意到试点两年，也恰恰就是我们临平区跨入千亿俱乐部的两年，不能说二者之间有绝对的关系，但是一定有必然的联系。我们也注意到一组数据，在2022年第一季度，综合指数是102.1，在2023年第三季度是112.8。金融生态的综合服务指数的上升与临平经济的成长是同频共振的。

所以我们要研究总结这个模式，让这个模式不仅能够在临平的发展过程当中发挥作用，更能够在浙江省乃至全国得到很好推广。

第一，金融也是一个市场，是依据市场规则运行的行业和组织，不管是试点也好，还是探索一种新模式，首先是它的商业可持续性，尊重市场规则。第二，金融是一个非常专业的行业，而且金融的专业区分非常多，我们不同的专业领域有不同的规律，这样的规律也应该被尊重。第三，金融本身是管理风险、经营风险的，因此它的风险很大程度上来自信息不对称，得不到最全面、最及时、最准确的信息，信息很多时候是在政府手里。如果我们相机而行，共同努力解决这个问题，金融的可得性、易得性，金融的成本一定可以实现。第四，金融是市场经济的产物，特别是资本市场和保险行业。市场经济的本质是法治经济，我们的试点也是，要不断上升到制度上、法规上，甚至是法律上的层面去探索、认识，让这样一项工作可持续、可复制、可推广、可做大。